Johanna Uhrmann und Erwin Uhrmann

111 Orte
im Waldviertel
die man g
haben m

111

emons:

Bibliografische Information der Deutschen Nationalbibliothek
Die Deutsche Nationalbibliothek verzeichnet diese Publikation in der Deutschen Nationalbibliografie; detaillierte bibliografische Daten sind im Internet über http://dnb.d-nb.de abrufbar.

MIX
Papier aus verantwortungsvollen Quellen
FSC® C083411
FSC
www.fsc.org

Layout: Eva Kraskes, nach einem Konzept
von Lübbeke | Naumann | Thoben
Kartografie: altancicek.design, www.altancicek.de
Kartenbasisinformationen aus Openstreetmap,
© OpenStreetMap-Mitwirkende, ODbL
Druck und Bindung: CPI – Clausen & Bosse, Leck
Printed in Germany 2018
ISBN 978-3-7408-0346-9
Aktualisierte Neuauflage August 2018

Vorwort

Endlose Wälder, weite Ebenen, uralte Steinriesen, 1.000 Teiche, ein paar hundert Schlösser, Burgen und Ruinen. Das Waldviertel im äußersten Norden Österreichs ist zweifellos eine der schönsten und geheimnisvollsten Regionen Mitteleuropas.

Es ist leicht möglich, dass man während einer langen Autofahrt niemandem auf der Straße begegnet. Kreative Köpfe schätzen die Gegend, weil es genug Raum gibt, um visionäre Ideen umzusetzen und eigene Welten zu kreieren. Etwa, wenn ein Künstler eine stillgelegte Textilfabrik in ein internationales Kunstzentrum verwandelt, ein Dentist eine alte Sternwarte zu einem wissenschaftlichen Knotenpunkt macht, ein Theatermacher in das kleine Dorf seiner Kindheit Künstler aus aller Welt einlädt oder ein Biobauer die Kühe gegen Regenwürmer tauscht. Manche sehen in den Landschaften des Waldviertels eine Ähnlichkeit mit Kanada, andere mit Skandinavien oder gar der Toskana. Eine Vielfalt, die auch Filmschaffende anlockt. Da kann es schon passieren, dass ein Drehort nach der letzten Klappe seinen Filmnamen einfach beibehält.

Ein gehöriger Touch Mystik ist nicht zu leugnen. Die vielen Sagen und Geschichten handeln von Riesen, kopflosen Geistern, verzweifelten Geliebten und natürlich vom legendären Räuberhauptmann Grasel, dem es immer wieder gelang, in der weitläufigen Landschaft unterzutauchen. Kein Wunder, ist das Waldviertel doch eine der letzten großen Naturoasen. Manche seiner Bewohner, wie die Europäische Wildkatze, haben sich über lange Zeit gut in den Wäldern versteckt, andere, wie der Wolf, sind wieder zurückgekehrt.

Die größten Waldviertler Phänomene sind Hilfsbereitschaft und Gastfreundlichkeit. Den vielen Menschen, die uns mit Rat und Tat zur Seite gestanden sind, die ihre Türen für uns geöffnet und uns ihre Geschichten anvertraut und dabei so manchen Geheimtipp preisgegeben haben, sei von ganzem Herzen gedankt. Ihnen ist dieses Buch gewidmet.

Johanna und Erwin Uhrmann

111 Orte

Radessen

1 Die L 75

Freie Fahrt durchs Sperrgebiet

Mulmig kann es einem zumute werden, wenn man die Schilder mit den Aufschriften »Militärisches Sperrgebiet« und »Panzer queren« passiert. Neben unzähligen Schlagbäumen stehen sie alle paar Meter entlang des zwölf Kilometer langen Abschnitts der Landesstraße 75, der mitten durch den Truppenübungsplatz Allentsteig des österreichischen Bundesheeres verläuft. Wenn auf der Anzeige bei der Einfahrtstafel »frei« steht, finden keine militärischen Übungen statt, und die Straße darf von Zivilisten befahren, aber auf keinen Fall verlassen werden. Dafür eröffnet sich links und rechts der Straße ein Panorama, das es in Mitteleuropa kaum mehr gibt: unbewohntes Land, so weit das Auge reicht.

Auf dem steppenartigen Terrain sind Kampfläufer und Neuntöter unterwegs. Dabei handelt es sich nicht um militärische Spezialeinheiten, sondern um seltene Vögel. Für sie ist der Truppenübungsplatz ein überlebenswichtiges Rückzugsgebiet, das mittlerweile unter Naturschutz steht. Auch Biber, Elch und Mufflon mögen die satten Wiesen, das sumpfige Grasland, die Gewässer und die Erlenbruchwälder.

Der Truppenübungsplatz hat mit einer Ausdehnung von 157 Quadratkilometern in etwa die Größe Liechtensteins. Durch regelmäßige Gefechtsübungen werden die für das Überleben vieler Tiere notwendigen Brachflächen erhalten. Wo ein Tier Ruhe braucht, gibt es eine Schutzzone, wie etwa jene um den Seeadlerhorst. Unter den Landesverteidigern gibt es bereits mehrere hauptberufliche Naturschützer, die Bestände kontrollieren und Habitate pflegen. Derart paradiesische Zustände haben den Herrscher der Wälder wieder auf den Plan gerufen. 2015 ließ sich ein Wolfspaar aus Polen auf dem Truppenübungsplatz nieder. Kurz darauf erblickten zwei Welpen das Licht der Welt – zum ersten Mal auf österreichischem Boden seit mehr als 100 Jahren. Seither wächst die Wolfsfamilie unter militärischem Schutz.

Adresse zwischen 3804 Allentsteig und 3594 Döllersheim | Anfahrt B 38 bis Zierings, dort abbiegen auf die L 75 oder L 56 bis Allentsteig, im Zentrum abbiegen auf die Ottensteinerstraße, die in die L 75 übergeht | Öffnungszeiten Ob die Straße befahrbar ist, zeigen die Tafeln am Beginn des militärischen Sperrgebietes an. | Tipp Am Stadtsee Allentsteig erinnert das »Landschaftsmesser«, eine Skulptur der Künstlerin VALIE EXPORT, an jene Menschen, die aufgrund der Errichtung des militärischen Übungsgeländes ab 1938 zwangsausgesiedelt wurden.

2 Der apokalyptische Drache

Rätsel von der Krypta bis zum Turm

Bedrohlich quellen die Augen des Drachen hervor. Statt Feuer speit er Wasser. Nur noch wenige Schritte trennen ihn von der Frau mit den Adlerschwingen.

Die Szene in der Kuppel ist eine Episode aus der Apokalypse des Johannes und Teil eines gigantischen Bilderrätsels, das sich durch das gesamte Kloster zieht. Dan Browns »Da Vinci Code« ist ein Märchen dagegen. Verantwortlich dafür ist ein Abt aus dem 18. Jahrhundert. Placidus Much ließ das damals noch zu großen Teilen mittelalterliche Kloster praktisch neu bauen. Das Futter für seine Vision lieferten ihm die aufklärerischen Ideen, mit denen er während seines Studiums in Berührung gekommen war. Nach den verheerenden Glaubenskriegen begann sich das alte Weltbild aufzulösen, und die Wissenschaft konkurrierte mit der Religion. Fasziniert davon, stemmte sich Much nicht gegen die neuen Erkenntnisse, sondern versuchte, sie in den Klosterumbau zu integrieren. Am besten ließ sich das mit Rätseln und versteckten Botschaften realisieren.

Wie eine Kirche ließ er die Bibliothek mit drei Kuppeln errichten. Sein kongenialer Partner, der Maler Paul Troger, genoss weitestgehend künstlerische Freiheit. Entwürfe, die üblicherweise dem Abt vorgelegt werden mussten, existieren nicht. Die Barockkunst, die lange Zeit von der Kirche als Propagandamittel eingesetzt worden war, nutzten Much und Troger als subversives Mittel zur Aufklärung. Wer die Kaiserstiege hochgeht, kann zwischen zwei Läufen wählen: auf einer Seite die Wissenschaft, auf der anderen die Religion. Beide Wege führen zum selben Ziel.

Neueste Erkenntnisse deuten auch darauf hin, dass im Grundriss von Kirche und Kuppel das heliozentrische und das geozentrische Weltbild symbolisch vereint werden. Das Kuppelfresko als imposantes Zentrum thematisiert im Ensemble mit den anderen Malereien die Frage nach dem Verhältnis von Religion und Wissenschaft.

Adresse Abt-Placidus-Much-Straße 1, 3591 Altenburg | **Anfahrt** B 38 bis Altenburg, abzweigen auf Abt-Placidus-Much-Straße | **Öffnungszeiten** 1. Mai – 26. Okt. täglich 10 – 17 Uhr, Führungen unter www.stift-altenburg.at | **Tipp** Im nahe gelegenen Schloss Rosenburg finden im Sommer die Theaterfestspiele »Sommernachtskomödie« statt.

3 Das Hunde-Moorbad

Ab ins kühle Nass

Wahrscheinlich hat es sich unter Hunden schon herumgesprochen: Es gibt ihn, den perfekten Badeplatz. Malerisch liegt er am Waldrand, ein Stück außerhalb des Ortes. Umrahmt von den für die Gegend typischen Granitrestlingen. Ein paar von ihnen sind sogar bemalt, sehen aus wie Pinguin, Frosch oder Hund. Der große Teich ist für Schwimmer, der kleinere für Nichtschwimmer. Nicht zu vergessen die Terrasse mit Seeblick und schattigem Häuschen – ein Hundetraum.

Die Inspiration für die Badeanlage kam durch Cäsar, den früheren Hund der Familie Lichtenwallner, die das nahe gelegene Gasthaus besitzt. Der Golden Retriever sprang beim Spazierengehen in jeden Wasserlauf. Die Landschaft mit ihren bemoosten Wäldern und archaischen Moorlandschaften versprüht den Zauber von kanadischer Wildnis und Weite. Die Wanderwege führen über Holzbrücken, vorbei an ausgefallenen Gesteinsformationen und entlang mooriger Bäche und Teiche. Diese liebte Cäsar besonders. Nach einem ausgiebigen Bad stapfte er mit Schlammstiefeln an den Pfoten zurück ans Ufer. Hundewellness pur.

Ein Glücksfall, wenn man weiß, wo man mit seinem Hundefreund baden kann. Denn an den meisten Badestränden, an denen der Mensch Abkühlung sucht, müssen die Vierbeiner draußen warten. Mit der Errichtung des weltweit ersten Moorbadeteichs für Hunde lösten die Lichtenwallners das Problem für ihren Cäsar und andere bellende Wasserratten. Die Erfahrung zeigt, dass Hunde wie Menschen sind. Manche hechten unerschrocken mit einem Satz ins kalte Nass, andere zieren sich und tauchen nur die Zehen ein. Es heißt, dass auch schon Menschen vor dem Hundebadeteich standen und hineinwollten. In solchen Fällen sind die Lichtenwallners entspannt. Für Zweibeiner empfiehlt es sich dennoch eher, nach der Hundewellness den Spaziergang ins nahe gelegene Gasthaus Lichtenwallner zu unternehmen und dort die Erfrischung bei einem kühlen Getränk zu suchen.

Adresse 3925 Altmelon | **Anfahrt** B 119 bis Altmelon, gegenüber der Tankstelle abbiegen und der Straße bis zum Parkplatz des Hunde-Moorbads folgen | **Tipp** Nur 300 Meter entfernt befindet sich die Teufelsmauer. In der Felsformation können Sie mehrere kleine Höhlen erkunden.

4 Der Klausteich

Tief im Wald versteckt

Der Klausteich ist ein gut verstecktes Juwel unter den 1.000 Waldviertler Teichen. In völliger Abgeschiedenheit liegt er inmitten des weitläufigen Weinsberger Waldes.

Von Holzfällern als Schwemmteich angelegt, wurde er bis ins 20. Jahrhundert zur Holzlagerung genutzt. Seinen Namen hat er nicht von einem Mann namens Klaus, sondern von seiner Funktion als Klause. Mit Hilfe dieses Stauwerks konnten die Arbeiter die Wassermenge im durchfließenden Nussbach regulieren und die Holztrift steuern.

1934 brach der Damm, der harmlos wirkende Teich flutete das Nussbachtal, und die Wassermassen rissen sogar ganze Gebäude mit. Von diesen aufregenden Episoden ist heute nichts mehr zu spüren. Allein schon den abschüssigen Parkplatz zu finden, von dem aus der einzige Weg zum See führt, ist nicht einfach. Im dichten Wald lässt sich kein See erahnen, bis man direkt am Wasser steht und sich ein Panorama der unberührten Naturidylle eröffnet. Hohe Kiefern und Fichten säumen das Ufer, runde Granitsteine ragen malerisch aus dem Wasser, eine alte Holzhütte steht auf Stelzen über der glatten dunklen Oberfläche, und ein Naturbadestrand mit sattgrüner Wiese lädt zum Entspannen ein. Der Humusboden gibt dem Wasser seine rötlichbraune Färbung, die in der Abenddämmerung ganz schön mystisch wirken kann.

Wer durch den See schwimmt, passiert die Landesgrenze zwischen Ober- und Niederösterreich und kann einen Ausflug ins benachbarte Mühlviertel machen. Eine Seeumrundung zu Fuß kann zum Abenteuer werden, weil sich der größte Teil des Ufers in der Wildnis befindet. Westlich vom Badestrand führt eine unscheinbare Holzbrücke über den Nussbach. Dahinter ist das Ufer dicht bewaldet. Im Osten wird es sumpfig. Wer den See umrundet hat, kann noch auf einen der Felsen klettern, die hinter dem Strand über das Geschehen wachen, und das Waldviertel en miniature erleben.

Adresse 4372 Altmelon | **Anfahrt** B 119, Parkplatz südlich der Kapelle zum eisernen Bild, von dort 500 Meter Fußweg | **Tipp** Erleben Sie die Landschaft mit den riesigen Granitblöcken auf einer der vielen Wanderrouten – zum Beispiel jener, die zur Luaga-Lucka führt.

5 Das Hells Gate

Lauf um dein Leben, Charlie Brown!

Es klingt ein bisschen wie der Plot eines Hollywoodfilms. Eine Gruppe Gleichaltriger reist nach New York, um eine Freundin zu besuchen, die dort als Au-pair arbeitet. An einem Sonntagnachmittag besuchen alle das Schlagerspiel der New York Yankees gegen die Cleveland Indians. Das volle Yankee-Stadion, die jubelnden Zuschauer, Hotdogs und Cola, Musikeinlagen in den Pausen – all das verzaubert die Freunde. Zu Hause angekommen, schlagen sie zum ersten Mal selbst ein paar Bälle auf einem buckeligen Feld und formieren sich kurz darauf als eigene Mannschaft, die Woodquarter Red Devils. Das geschah 1999, der Rest ist Vereinsgeschichte. Ähnliches spielte sich in Schrems ab und führte zur Gründung der Schremser Beers, wenige Jahre später kamen die Zwettler Originals dazu. Geht das so weiter, kann die US-amerikanische Major League Baseball einen Ableger im Waldviertel gründen.

Während Baseball ein Teil der US-amerikanischen Kultur ist, regiert in Österreich der Fußball. Insofern war es Schicksal, dass sich die Fußballmannschaft von Altweitra in Auflösung befand und der Platz vakant wurde. Das bescherte den Red Devils ihr eigenes Baseballfeld, das folgerichtig den Namen Hells Gate erhielt. Statt Out- und Mittelfeldlinien, Sechzehner und Elfmeterpunkt sind dort jetzt Diamond, Baselines, Pitcher-Hügel, Catcher's Box und Outfield zu finden. Die Fußballtore entfernte man nach zehn Jahren, weil auch der Nachwuchs lieber einen Homerun macht, als einen Elfer zu schießen.

Vereinspräsident Rainer Fuchs, der beim magischen Gründungsmoment in New York mit dabei war, vergleicht seine Baseballmannschaft gern mit der von Charlie Brown, die selten gewinnt, aber umso begeisterter spielt. Den Red Devils geht es demnach nicht ausschließlich um den Sieg, sondern um eine schöne Zeit mit Freunden. Wenn das Hells Gate brodelt und die Bälle fliegen, ist jedoch der Kampfgeist zu spüren.

Adresse 3970 Altweitra | Anfahrt B 41 bis Altweitra, abbiegen in Richtung Unserfrau, nach der Bahnüberquerung links zum Spielfeld | Öffnungszeiten Der aktuelle Spielplan ist unter www.w4reddevils.com abrufbar | Tipp Der Erlebnisweg in Heinrichs führt durch eine verwunschene Landschaft, vorbei am Frauenschuh, der Mausefalle und der Liebeslaube bis hin zum Hutstein.

6 Der Galgen

Gefürchteter Ort der Todgeweihten

Ohne Hinweisschild oder Fachkenntnis würde man kaum erraten, dass die seltsame Anlage mit der runden Mauer und den drei Säulen eine Hinrichtungsstätte war. Weiß man es erst einmal, ist es nicht schwer, sich vorzustellen, wie sie funktionierte. Auf den Säulen lagen hölzerne Balken, an denen das Seil befestigt wurde, welches der Henker dem Verurteilten um den Hals legte.

Die Herrschaft Arbesbach hatte eine eigene Landgerichtsbarkeit. Das gab den Burgbesitzern das Recht, Gericht zu halten und Urteile in allen möglichen Angelegenheiten zu fällen – von Handelsstreitigkeiten bis hin zu schweren Verbrechen. Die Verhängung der Todesstrafe bedurfte in der Regel der Bestätigung von höherer Stelle. Man setzte auch auf das Prinzip Abschreckung. Der Galgenhügel war unbewaldet, sodass die Menschen von ihren Häusern aus freie Sicht auf die Richtstatt hatten.

Zur Vollstreckung von Todesurteilen kam es zumindest seit dem 17. Jahrhundert selten. In den Ortschroniken finden sich Belege für drei Exekutionen. Dabei wurde der Tod nicht nur durch Erhängen, sondern auch durch Enthaupten oder Verbrennen herbeigeführt. Den Hingerichteten verweigerte man ebenso wie Menschen, die Suizid begangen hatten, die letzte Ruhe in geweihter Friedhofserde und verscharrte sie ohne Grabstein auf dem Galgenhügel. Besonders grausam ging es bei der letzten Vollstreckung eines Todesurteils am 30. Mai 1728 zu. Der wegen Brandstiftung verurteilte Thomas Rametsteiner hatte sein Geständnis unter Folter mit der Daumenschraube abgelegt. Auf dem Weg zur Richtstätte wurde er an den Ort der Brandstiftung geführt und zweimal mit einer glühenden Zange in die Brust gezwickt, ehe man ihn bei lebendigem Leib verbrannte.

Der Kampf für die Abschaffung von Folter und Todesstrafe wurde in Österreich seit dem 16. Jahrhundert geführt. Was für ein Glück, dass diese grausamen Praktiken schon lange aus Europa verbannt sind.

Adresse Galgenberg, 3925 Arbesbach | **Anfahrt** B 119 bis Arbesbach, abzweigen auf die B 124 in Richtung Westen, nach der Greiner Straße die nächste Straße rechts abzweigen, bei der Infotafel parken und zu Fuß den Wegweisern folgen | **Tipp** In Kamp bei Arbesbach befindet sich eine alte, funktionsfähige Hammerschmiede, die im Rahmen einer Führung besichtigt werden kann.

7 Der Stockzahn

Fernsicht über die Jahrhunderte

Sehen und gesehen werden. Diese Devise, sonst eher in feinen Gesellschaften ausschlaggebend, trifft auch auf den Turm zu, den alle Einheimischen nur den Stockzahn nennen. Passt das Wetter, sieht man ihn von Zwettl aus noch klar und deutlich in der Landschaft stehen.

Befindet man sich auf der »Kaufläche« des Stockzahns, so erlebt man den umgekehrten Effekt. Es gibt Fernsicht in alle Richtungen. Im Süden erhebt sich der Ötscher, im Südwesten der Dachstein, im Norden sieht man bis in die Tschechische Republik, in der näheren Umgebung in jeden Garten. Letztere Perspektive war vor allem für die Erbauer des Stockzahns interessant.

Hadmar II. von Kuenring ließ im 12. Jahrhundert die Burg auf dem markanten Granitkegel errichten. Der Burgfried mit seinen stolzen 60 Metern erreicht an seinem höchsten Punkt 903 Meter über dem Meeresspiegel. Mit einer Kette von solchen Bauwerken ließen die Kuenringer die Handelswege und ihr Territorium überwachen. Erst lange nachdem sie verschwunden waren, wurde die Burg Arbesbach niedergebrannt und bis zum Bau der Aussichtswarte im 19. Jahrhundert nicht mehr wieder in Betrieb genommen.

Um den Stockzahn ranken sich Sagen, die erstaunlicherweise nichts mit der exponierten Lage, sondern mit seinem Untergrund zu tun haben. Einmal soll ein Handwerksbub einem alten Mann dorthin gefolgt sein. Der Alte habe ihm beim Abstieg gesagt, dass man gleich auf das Gerippe eines unglücklichen Schatzsuchers treffen werde, worauf den Burschen der Mut verließ und er flüchtete. Eine Münze, die ihm der Alte zuvor gegeben hatte, verwandelte sich im Sonnenlicht in ein Stück Kohle. Andere Sagen erzählen davon, dass Mägde oder Hirten im Fels den Zugang zu einer Kammer mit Gold und Edelsteinen fanden. Immer wenn die glücklichen Finder mit Helfern zur Bergung des Schatzes zurückkehrten, war der geheimnisvolle Eingang wieder verschwunden.

Adresse Arbesbach 59, 3925 Arbesbach | **Anfahrt** B 119 bis Arbesbach, abzweigen auf die B 124 in Richtung Osten, Burgruine auf der rechten Seite | **Öffnungszeiten** April–Okt. So und Feiertage 9–18 Uhr, Schlüssel für die Ruinen-Besichtigung außerhalb dieser Zeiten im Café Huber nahe dem Parkplatz | **Tipp** Im Tierschutzprojekt »Bärenwald Arbesbach« kann man aus nicht artgerechter Haltung befreite Bären in naturnaher Umgebung beobachten.

8 Der Graumohn

Achtung, Suchtgefahr!

Ihre Schönheit währt längstens 48 Stunden und entbehrt nicht einer gewissen Dramatik. Die hochgewachsene Pflanze lässt tagelang ihren Kopf hängen, ehe sich die Knospe erhebt, vier zerknautschte Kronblätter hervorbrechen und sich zu einer seidigen Blüte entfalten. Ein Vorgang, der zwischen Ende Juni und Anfang Juli zig Millionen Mal geschieht und die Landschaft in ein rot-weißes Farbgemisch taucht. Dabei ist das mit der Schönheit nur eine Nebensache. In der Küche gilt Graumohn als Geschmack des Waldviertels. Weil die Kapseln löchrig sind, werden die Samen von Hand geerntet. Sie haben einen hohen Ölanteil und schmecken mild-nussig.

Im 13. Jahrhundert bauten die Zwettler Mönche den Schlafmohn, den sie vermutlich aus dem Mittelmeerraum mitgebracht hatten, in ihrem Klostergarten an.

Aus den Samen stellten sie Öl her, mit dem sie das ewige Licht in der Kirche leuchten ließen. Der milchige Pflanzensaft – in getrockneter Form Rohopium – wurde zu Arzneimitteln gegen Schmerzen und Schlaflosigkeit verarbeitet. Von dieser pharmazeutischen Wirkung machen die Menschen schon seit der Jungsteinzeit Gebrauch. Die Nutzung der Pflanze zur Herstellung von Drogen ist eine andere Geschichte, die ein Anbauverbot in vielen Ländern zur Folge hat.

Im Waldviertel hat der Schlafmohn kein Imageproblem, der hohe Opiatgehalt wurde längst herausgezüchtet. Mit Armschlag hat sich ein ganzes Dorf der Kulturpflanze verschrieben. Die Suchtgefahr hat hier weniger mit Opiaten als mit den vielen Süßspeisen wie Mohnnudeln, Germknödeln, Mohnstrudeln, Mohnkipferln und Mohntorten zu tun, die durch den Graumohn ihre feine Geschmacksnote erhalten. Süßes Wahrzeichen des Waldviertels sind die Mohnzelten. Aus Erdäpfeln, einer weiteren Ingredienz von den Äckern der Umgebung, wird ein Teig gemacht, der eine süße Fülle aus Mohn, Zucker, Powidl und einem Schuss Rum umhüllt.

Adresse 3525 Armschlag | **Anfahrt** B 36 bis Armschlag | **Öffnungszeiten** Mohnwirt: Mi–So und Feiertage ab 9 Uhr, im Juli zusätzlich Mo, Di 9–16 Uhr, im August zusätzlich Mo 9–16 Uhr; Mohnbauernladen: 1. April–31. Okt. täglich 11–15 Uhr, Mo und Di geschlossen (Juli und August durchgehend geöffnet) und nach Voranmeldung | **Tipp** Wenn Sie das Waldviertel einmal von oben sehen möchten, können Sie am Flugplatz Ottenschlag zu einem Rundflug starten.

9 Die alte Poststraße

Vom Holzbaron zum Postmeister

Ob Ludwig van Beethoven das Reisen mit der Postkutsche genauso verabscheute wie sein Vorbild Wolfgang Amadeus Mozart, weiß man nicht. Fest steht, dass er eines Tages in einer solchen auf der Fürnberg'schen Poststraße unterwegs war. Sein Weg führte ihn über die Schwarzaubachbrücke. Wer heute auf der malerischen Waldlichtung vor der hohen Brücke steht, findet dort ein Schild mit der Aufschrift »Römerbrücke«. Fälschlicherweise glaubte man eine Zeit lang, das massive Bauwerk hätten die im Straßenbau versierten Römer angelegt. Dabei war das Imperium Romanum schon mehr als 1.000 Jahre Geschichte, als die Brücke im Jahr 1780 entstand. Ihr Erbauer, Joseph von Fürnberg, dürfte aber einen ähnlich starken Willen wie manch römischer Herrscher gehabt haben.

Ursprünglich war Fürnbergs Metier das Geschäft mit dem Holz, damals Energieträger Nummer eins. Er kaufte schwer zugängliche Gebiete im südlichen Waldviertel, errichtete Schwemmteiche, Transportkanäle und Stapelplätze. Das geschlägerte Holz ließ er im Donautal auf Kähne verladen und nach Wien bringen, wo er ein Viertel des Brennholzbedarfs damit abdeckte. Weil im ganzen Land die Bäume immer weniger wurden, ließ Kaiser Joseph II. Holz als Heizmittel für die boomende Glaserzeugung verbieten. Für Fürnberg bedeutete das schwere Verluste.

Er erbat sich vom Kaiser das Postprivileg und ließ eine 35 Kilometer lange Straße und Poststationen vom Donautal bis nach Gutenbrunn errichten. Einfach gestaltete sich der Straßenbau in dem Gelände mit seinen steilen Passagen und Schluchten nicht. Gerade die Brücken erweisen sich noch heute als architektonische Meisterleistungen.

Nach Fertigstellung der Straße kontrollierte Fürnberg das Transportwesen im südlichen Waldviertel. Befördern durfte er seine Gäste sogar bis Budweis. Fürnberg wollte sein Postimperium landesweit ausbauen, doch der Biss eines tollwütigen Hundes riss ihn aus dem Leben.

Adresse 3661 Artstetten-Pöbring | Anfahrt L 7231 bis Pöbring, vom Gasthaus Hirsch zu Fuß weiter auf der L 7231 in Richtung Pöbring, auf den Wanderweg Route 2, der die alte Poststraße entlangführt | Tipp Besuchen Sie Schloss Artstetten, wo der ermordete Thronfolger Erzherzog Franz Ferdinand seine letzte Ruhe fand.

10 Der Sehweg

Augenwellness pur

Wenn es um Erholung geht, gibt es einen großen Markt. In Bad Großpertholz hat man diesbezüglich schon lange den richtigen Riecher. Die Gemeinde im Waldviertler Hochland ist eingebettet in Wiesen, Wälder und Moore – dass Letztere eine heilende Wirkung haben, wurde hier schon frühzeitig erkannt. Nach einem Kampf um Anerkennung war es gelungen, diese amtlich bestätigen zu lassen und als erstes Heilmoor zu gelten. Ein vorausblickender Arzt, der die Ruhe der Umgebung in sein ganzheitliches Konzept mit einbezog, eröffnete 1966 eine Kuranstalt mit 14 Betten und drei hölzernen Badewannen. Das »Bad« kam 1983 vor den Ortsnamen. Seither ist das Kurhotel um ein Vielfaches gewachsen und wurde mehrmals modernisiert. Bei Zivilisationskrankheiten wie zum Beispiel Bandscheibenproblemen ist das 12.000 Jahre alte Heilmoor eine Wohltat.

In jüngster Zeit hatten die Großpertholzer erneut den richtigen Riecher und setzten auf ein Sinnesorgan, das weniger im Fokus der Wellnessindustrie steht, obwohl es seit einigen Dekaden den gravierendsten fortschrittsbedingten Veränderungen ausgesetzt ist: das Auge. Evolutionsbedingt eigentlich für reflektierende Oberflächen geschaffen, muss es jeden Tag stundenlang auf Wörter und Zahlen am Bildschirm starren, zwischenzeitlich in ein Smartphone und am Abend, wenn sich alle übrigen Körperteile erholen dürfen, noch auf ein anstrengendes Bewegtbild im Fernsehgerät. Den Weitblick hat Optiker Leopold Labschütz bewiesen, der die Wirkung der Großpertholzer Landschaft mit einer Erholungskur für die Augen zu verbinden wusste. Vom Ortskern führt der Sehweg über Hügelkuppen, an Nadelwäldern entlang und vorbei an ausgedehnten Wiesen. An acht Stationen gibt es Übungen zum Entspannen und zum Trainieren der Augenmuskeln und der Sehfunktion, darunter Augenyoga und Lichtbaden. Die Landschaft allein ist schon eine Augenweide.

Adresse 3972 Bad Großpertholz | **Anfahrt** B 41 bis Bad Großpertholz, beim Kinderspielplatz parken und auf der gegenüberliegenden Straßenseite in Richtung Süden den Schildern folgen | **Tipp** In der Papiermühle Bad Großpertholz können Sie nach Voranmeldung Ihr eigenes Büttenpapier schöpfen.

11 Die Holzfaltdecke

Blick in eine andere Dimension

Architektur kann einem schon einmal den Atem rauben. Im »Dom des Waldviertels«, wie die Kirche von Bad Traunstein genannt wird, sollte man das Raumerlebnis langsam angehen. Wer beim Betreten nicht gleich nach oben schaut, steht erst einmal in einer großen, lichtdurchfluteten Halle. An den weißen Wänden befinden sich moderne Kunstwerke aus Stein und Metall. Am besten noch ein Stück weit hineingehen, kurz warten, dann den Blick zur Decke richten: Da ist es. Die Augen gewöhnen sich nach ein paar Sekunden an den Hell-Dunkel-Unterschied. Wie eine andere Dimension mutet die gigantische, den gesamten oberen Kirchenraum ausfüllende Holzdecke an. Die dunklen Eichenpaneele sind so angeordnet, dass es scheint, als ob der Raum sich falte, was die Illusion von immenser Höhe entstehen lässt.

Die Kirche von Bad Traunstein hat Gebäudeteile aus allen Epochen der Kunstgeschichte. Der romanische Turm und eine Kapelle stammen aus dem 14. Jahrhundert, keine 200 Jahre später wurde gotisch umgebaut, später barockisiert. Viele Kirchen durchliefen eine ähnliche Baugeschichte. In Bad Traunstein kam der entscheidende Schritt mit dem jungen Pfarrer Josef Elter, der Mitte der 1950er Jahre die Pfarre übernahm. Elter war ein fortschrittlicher Geist, der sich Gedanken über die Verbindung von Tradition und Moderne machte. Seine Arbeit begann er mit dem Umbau der Kirche. Dafür verwendete er Materialien aus der Gegend: Holz und Stein. Das Behauen der Steine erledigte Elter selbst mit der Hilfe Freiwilliger. So entstand ein neues Mittelschiff mit einer Holzdecke, die ein schützendes Zelt symbolisiert.

Mit der Ausgestaltung der Kirche beauftragte der Pfarrer eine Reihe von Künstlern. Einige skulpturale Arbeiten steuerte er selbst bei. In den folgenden Jahrzehnten wandte sich Elter immer mehr der Bildhauerei zu und beschritt bis zu seinem Tod im Jahr 1997 eine beachtliche künstlerische Laufbahn.

Adresse Oberer Markt 1, 3632 Bad Traunstein | **Anfahrt** L 78 bis Bad Traunstein, dort abzweigen auf die Straße Oberer Markt | **Öffnungszeiten** Besichtigung nach Vereinbarung, Informationen im Pfarramt unter Tel. +43/(0)720/205310-11 | **Tipp** Vom Wachtstein direkt neben der Kirche genießt man einen herrlichen Blick über die Landschaft.

12_Der Weinsberger Wald

Wo Fuchs und Hase einander Gute Nacht sagen

Es ist wenig verwunderlich, dass sich das größte zusammenhängende Waldgebiet Österreichs im Waldviertel befindet. Die Römer sprachen von Silva Nortica, dem großen Nordwald, und meinten damit die undurchdringlichen Wälder, die noch vor 1.000 Jahren große Teile des Waldviertels bedeckten. Entstanden sind die Mischwälder aus Föhren, Birken, Eichen, Buchen, Tannen und Fichten nach der letzten Eiszeit. Frühe Bewohner nutzten Saumpfade durch den Urwald, die sich – je weiter die Menschen von den Flüssen in die Wälder vordrangen, rodeten und siedelten – allmählich zu Handelswegen entwickelten.

Im südwestlichen Waldviertel blieb der Urwald bis ins 18. Jahrhundert erhalten. Nur Jäger und Fallensteller wagten sich ins Dickicht. Erst mit dem Anstieg des allgemeinen Energiebedarfs erkannten die Grundbesitzer, dass mit Holz gutes Geld zu machen war. Sie siedelten Holzarbeiter in den Wäldern an und ließen Holzschwemmen anlegen, über die der Rohstoff den weiten Weg bis zur Donau gelangte. Aus den verstreuten Holzfällersiedlungen entstanden die jüngsten Orte des Waldviertels. Das abgeschiedene Leben beflügelte die Phantasie der Menschen, die oft lange Wege durch die Wälder zurücklegen mussten. Geschichten von nächtlichen Begegnungen mit Gestalten mit Pferdefuß und schwefeligem Atem erzählt man sich bis heute.

Der namensgebende Weinsberg ist die höchste Erhebung im Waldgebiet. Von der Weinsbergwiese aus, wo einmal eine kleine Holzfällersiedlung war, geht es über die Straße und bergauf, an einer Ruine vorbei bis zum Gipfel, wo die Ausdehnung des riesigen Waldgebietes nach allen Seiten sichtbar wird. Das Panorama begeisterte schon Kaiser Franz I., der es sich in Kupfer stechen ließ. Der Kaiser war der größte Vermehrer des habsburgischen Grundbesitzes und kaufte den Weinsberger Wald, der bis heute im Besitz der Familie Habsburg ist.

Adresse Weinsberg, 3665 Bärnkopf | **Anfahrt** B 119, an der Landesgrenze zu Oberösterreich auf die L 82 abzweigen, nach Bärnkopf durch den Wald fahren und bei der Weinsbergwiese parken, dann zu Fuß auf den Gipfel | **Tipp** Im Truckerhaus in Gutenbrunn wurde die Geschichte des Weinsberger Waldes von den bronzezeitlichen Wegen bis zu den neuzeitlichen Holzschwemmanlagen aufgearbeitet. Mit dem »Spuren«-Buch oder mit der dazugehörigen Handy-App ausgerüstet, können Sie die Fundorte selbst im Wald aufsuchen.

13 Die Fundstelle der Saliera

Catch me if you can

Im Jänner 2006 stapften Kriminalpolizisten durch den Schnee, der hier im Winter kniehoch liegt. Sie ließen sich – vom Kunsträuber höchstpersönlich – an jene Stelle führen, an der die Kiste vergraben lag. Ihr Inhalt: die einzige erhaltene Goldschmiedearbeit des Renaissance-Künstlers Benvenuto Cellini, die weithin als Saliera bekannt ist.

Das goldene Salzfass, geschätzte 50 Millionen Euro wert, ist ein Aushängeschild des Kunsthistorischen Museums Wien, und das nicht zuletzt aufgrund des spektakulären Kunstraubs, der mit der Schatzsuche endete.

Es begann an einem Nachmittag im Mai 2003. Ein Wiener Alarmanlagentechniker besuchte das Museum an der Ringstraße. Die Sicherheitsmängel, die ihm dort auffielen, verleiteten ihn dazu, gegen vier Uhr früh zurückzukehren. Diesmal nicht durch die Eingangstür, sondern über ein ungesichertes Baugerüst. Sein Blick fiel auf »Sally«, wie er das Salzfass liebevoll nannte. Mit ihr unterm Arm machte er sich aus dem Staub. Zwar ging die Alarmanlage los, man tippte aber auf einen Fehler und schaltete ab – böses Erwachen inklusive.

Während Ermittler und Museumsdirektor auf einen verrückten Sammler oder organisiertes Verbrechen tippten und einem Hochstapler bis nach Florenz folgten, lag Sally unterm Bett ihres Entführers, nur wenige Straßen entfernt. Dem wurde langsam bewusst, dass er einen unverkäuflichen Schatz an sich gerissen hatte. Er bettete das güldene Fass in eine Holzkiste und vergrub diese im Wald. Als Versteck hatte der Ortskundige den Schatzbichl gewählt, einen Hügel hinter dem Dorf, wo die Menschen schon im Mittelalter ihre Wertgegenstände vergraben hatten, um sie vor Feinden zu verstecken. Ein Pilzsucher, dem das lockere Erdreich aufgefallen war, vermutete darin das Werk von Wildschweinen. Erst ein Erpressungsversuch brachte die Polizei auf die richtige Spur. Der Mann gestand, klärte das Rätsel auf und bereute seine Tat.

Adresse Salierawanderweg, 3873 Brand | Anfahrt B 37, bei Rastenberg abfahren auf die L 8245, dann die L 8262 bis Brand, Start des Weges bei der Kirche | Tipp Lassen Sie bei Sonnentor in Sprögnitz die Seele baumeln – sei es bei einer guten Tasse Tee, in der Hildegard-Oase oder bei einer Führung durch die wohlduftenden Kräuterhallen.

14 Die Bahnstation Mariefred

Mit der Waldviertelbahn nach Schweden

Tapfer tuckert die Lokomotive bergauf. Ganz schön steil, wie im Gebirge. Kurz wird es finster, ein Tunnel. Das Metall ächzt, die Bremsen quietschen, der Zug hält. Nach der anstrengenden Fahrt wird die Dampflokomotive über einen langen Metallarm mit Wasser versorgt. Die Gäste können aussteigen. Auf der kleinen Lichtung steht nur ein altes Haus am Waldrand. Wo sind wir hier eigentlich gelandet? Auf dem hölzernen Haltestellenhäuschen steht »Mariefred«.

Moment mal, Mariefred? Das ist doch ein kleiner Ort am Mälarensee, etwa 60 Kilometer von Stockholm entfernt. Dort steht Schloss Gripsholm, eines der neun königlichen Schlösser Schwedens. Nach ihm benannte der deutsche Autor Kurt Tucholsky seinen bekanntesten Roman »Schloß Gripsholm. Eine Sommergeschichte«. Die Idee dafür war ihm bei einem Urlaub in Schweden gekommen. Tucholsky war einer der eindringlichsten Warner vor den Nationalsozialisten. Verzweifelt über die politischen Entwicklungen und verfolgt ging er nach Schweden, wo er 1935 starb und nahe Gripsholm beerdigt wurde.

Zweimal wurde sein berühmter Roman verfilmt. Als Ulrich Noethen und Heike Makatsch im Jahr 2000 die Hauptfiguren in der Sommergeschichte verkörperten, stiegen sie im Waldviertler Mariefred aus, um ihren Aufenthalt in Gripsholm zu beginnen. Früher einmal hieß die Haltestelle Bruderndorf. Nach dem Dreh ließ man das Schild einfach auf dem Wartehäuschen. Wer genau schaut, erkennt dort noch ein weiteres Filmrelikt: eine vergilbte Tafel mit den kaum mehr lesbaren schwedischen Wörtern für Ankunft und Abfahrt.

Makatsch und Noethen fahren mit Rädern durch die sommerliche Landschaft und spazieren an Granitrestlingen vorbei. Die Wiesen, Wälder und Teiche gehen sehr gut als Landschaft in Mittelschweden durch. Mariefred hat aber noch eine weitere Gemeinsamkeit mit dem Waldviertler Bruderndorf. Auch dort gibt es eine alte Schmalspurbahn.

Adresse 3921 Bruderndorf | **Anfahrt** L 7298 bis Bruderndorf, 150 Meter nördlich der Ortskapelle links abbiegen auf die L 8300, die erste Abzweigung links nehmen und bis zu den Gleisen der Waldviertelbahn fahren | **Tipp** Eisenbahn-Liebhaber kommen auch in Langschlag auf ihre Kosten – eine alte Dampflokomotive der Strecke Groß Gerungs–Gmünd wurde zum Eisenbahnmuseum umfunktioniert.

15 Die Ruinenstadt

Dunkle Schatten der Vergangenheit

Schwer vorstellbar, dass hier einmal eine Ortschaft war. Die Vegetation ist üppig. Dazwischen stehen Mauern, liegen Steine. Auf manchen der Ruinen sind Beschriftungstafeln angebracht, auf denen zu lesen ist, um welches Gebäude es sich früher gehandelt hat: Bürgerspital, Feuerwehr, Schule, Gasthaus.

Der Geisterort ist ein schmerzhaftes Kapitel in der Geschichte Niederösterreichs. Seit dem 12. Jahrhundert besiedelt, entwickelte sich Döllersheim zu einem Versorgungszentrum für die Region. Nach dem Anschluss Österreichs an Hitlerdeutschland veränderte sich die Situation schlagartig. Das Naziregime ließ im Waldviertel einen Artillerie-Schießplatz entstehen und siedelte 42 Orte und 7.000 Menschen verteilt über mehrere Jahre aus; je später, desto weniger wurden die Menschen entschädigt.

Hitlers Vater stammte aus einem der betroffenen Orte nahe Döllersheim, das seinen Hauptplatz deswegen in Alois-Hitler-Platz umbenannt und den Diktator selbst zum Ehrenbürger gemacht hatte – sehr zu dessen Missfallen. Bis heute wird spekuliert, ob Hitler, der seine familiäre Vergangenheit penibel unter Verschluss hielt, mit der Errichtung des Schießplatzes seine Wurzeln vertuschen wollte.

Nach Kriegsende gab es Pläne für eine Wiederansiedelung der ehemaligen Bewohner. Vorerst nutzten aber noch die sowjetischen Besatzer das Areal. Danach ging das Gebiet ins Eigentum der Republik Österreich über. Mehrere hundert Ausgesiedelte beantragten die Rückstellung. Niederösterreichische Politiker stellten sogar Friedensprojekte in den Raum. Die Regierung Julius Raab entschied anders und gründete den Truppenübungsplatz Allentsteig für das österreichische Bundesheer. Viele der Gebäude waren bis dahin noch intakt.

Anfang der 1980er Jahre wurde Döllersheim aus dem militärischen Sperrgebiet ausgegliedert, die Kirche teilweise wieder aufgebaut und zu einem Ort des friedlichen Gedenkens gemacht.

Adresse 3594 Döllersheim | **Anfahrt** B 38 bis Zierings, dort abbiegen auf die L 75 | **Tipp** In Allentsteig gibt es zwei spannende Museen: das Aussiedlermuseum, das die Entsiedelung der 42 Ortschaften thematisiert, und das Eulenmuseum, ein Privatmuseum mit über 2.000 Eulenfiguren.

16_Der Filmclub

Pilgerziel für Cineasten

Das magische Wort steht in gelben Lettern über dem Eingang: Kino. Im halbdunklen Foyer hängen gerahmte Filmplakate. Die Kinokarten werden nicht aus der Ticketmaschine gezogen, sondern einzeln über den Tresen verkauft. Noch schnell Snacks und Getränke an der Bar geholt und einen Platz im großen Saal mit den roten Samttapeten gesucht. Bequem sitzt es sich an einem der Wirtshaustische. Neben der Leinwand steht ein altes Klavier. Ein Gong ertönt. Das Licht geht aus. Das Gemurmel legt sich. Film ab!

1920, in der goldenen Ära der Lichtspieltheater, führte der Wirt des Gasthauses »Zum Goldenen Lamm« die ersten Filme in seinem Speisesaal vor. Damals noch ohne Ton und mit Klavierbegleitung. Jede Vorstellung war ausverkauft, die Drosendorfer in den Film vernarrt. 70 Jahre später drohte dem Kino das Aus. Der lokale Filmclub übernahm den Betrieb und zeigt seither Filme abseits des Mainstreams.

Neue Filme werden digital projiziert. Für die alten Filmrollen sind noch die beiden AEG-Projektoren aus dem Jahr 1937 zuständig. Sie gehören zu den letzten ihrer Art. Oft kommt es vor, dass Filmclub-Gründer Willi Erasmus eine 35-Millimeter-Rolle einspannt. Schließlich sammelt der Cineast alte Filme. Dann knattert und rattert es im Vorführraum. Das Bild wird mit Kohleelektroden erzeugt, deren helles Flackern die Filmvorführungen vergangener Tage prägte. Die Brennstäbe, die schon lange nicht mehr in Europa erzeugt werden, bestellt Erasmus in Indien.

Drosendorf ist für Filmliebhaber ein Zufluchtsort. Der preisgekrönte Regisseur Ulrich Seidl zog sich gern in den alten Kinosaal zurück, um ganz allein Klassiker von Tarkovski, Pasolini und Dreyer anzuschauen. Sein Film »Mit Verlust ist zu rechnen« aus dem Jahr 1992 wurde in der Grenzregion gedreht und feierte in Drosendorf Premiere. Für Hauptdarstellerin Paula Hutterová war dies, wie sie selbst sagte, der schönste Tag ihres Lebens.

Adresse Filmvorführungen im Saal des Gasthofes Failler, Hauptplatz 27, 2095 Drosendorf | **Anfahrt** B 30 bis Drosendorf, im Kreisverkehr auf die Horner Straße abbiegen, die in den Hauptplatz mündet | **Öffnungszeiten** aktuelles Programm unter www.filmclubdrosendorf.at | **Tipp** Dicke Mauern, lange Gänge, knarzendes Parkett und antike Möbel machen den Charme des Schlosses Drosendorf aus. Nach dem Kinobesuch hier zu übernachten ist ein einmaliges Erlebnis.

17 Die heilige Valentina

Reliquie aus der Hand des Papstes

In einer Nische in der Martinskirche steht ein reichlich verzierter Sarg mit gläsernen Wänden. Kommt man ihm nahe, gehen automatisch die Lichter an. Spätestens jetzt spürt man einen Schauer über den Rücken ziehen. Knochige Hände und Füße und der auf einem Polster liegende Schädel sind klar zu erkennen. Der Körper ist in ein bestickte Kleid gehüllt. Bei der Toten handelt es sich um die heilige Valentina.

Valentina stammte aus Caesarea im heutigen Israel. Weil sie sich öffentlich zum Christentum bekannte, wurde sie zum Tode verurteilt und am 18. März 317 in Rom enthauptet. Ihr Leichnam fand vorerst in den römischen Katakomben die letzte Ruhe. Valentinas Schicksal ist ungewöhnlich für diese Zeit. Christenverfolgungen waren eigentlich mit der Mailänder Vereinbarung, welche die Kaiser Konstantin I. und Licinus im Jahr 313 getroffen hatten, beendet worden.

Reliquien, besonders jene von Märtyrern, wurden seit dem 2. Jahrhundert verehrt und herumgereicht. Zwischen dem 16. und dem 19. Jahrhundert holte man massenhaft Gebeine aus den römischen Katakomben, ordnete sie Heiligen zu, verkaufte oder verschenkte sie. Diesen Reliquienkult kann man durchaus mit dem Hype um Celebrities in der Gegenwart vergleichen. Heute hütet man das Gitarrenplektron eines Musikers wie einen Schatz, damals war es der Fingerknöchel einer Heiligen.

Besonders kostbar waren Ganzkörperreliquien wie die Gebeine der heiligen Valentina. Papst Clemens XI. schenkte sie Gräfin Katharina Eleonora von Lamberg, der Gattin des habsburgischen Botschafters am päpstlichen Hof. Die Lambergs ließen die Heilige in einem gläsernen Sarg zu ihrem Schloss nach Drosendorf bringen und später in der Kirche aufstellen. Damit kein Zweifel an der Identität der Gebeine aufkommen konnte, ließ der Papst ein Echtheitszertifikat ausstellen. Es befindet sich bis heute im Sarg neben der weit gereisten Valentina.

Adresse Pfarrkirche hl. Martin, Hauptplatz, 2095 Drosendorf | **Anfahrt** B 30 bis Drosendorf, im Kreisverkehr auf die Horner Straße abbiegen, die in den Hauptplatz mündet | **Tipp** Der Pranger auf dem Hauptplatz stammt aus der Zeit um 1500 und ist einer der höchsten noch bestehenden im deutschsprachigen Raum.

18 Die Safranmanufaktur

Comeback der Goldfäden

Der Autor Johann Anton Reil, der Anfang des 19. Jahrhunderts das Waldviertel zu Fuß erkundete, hat sie noch gesehen: die Safranfelder. Als alle anderen Pflanzen schon verblüht waren, färbten sie die Landschaft im Spätherbst violett. Die alte Kulturpflanze dürfte mit einem Kreuzritter nach Niederösterreich gekommen sein. Viereinhalb Tonnen des wertvollen Gewürzes wurden jedes Jahr in Krems gehandelt. Das meiste davon ging donauaufwärts in die Gewürzhandelsstadt Nürnberg.

Damit das Wissen um den Anbau des Safrankrokus in der Region erhalten blieb, verfasste der Melker Benediktinermönch Ulrich Petrak 1797 einen Leitfaden, in dem er alles, was er über Safran in Erfahrung gebracht hatte, dokumentierte. Zum Glück, denn nicht einmal 100 Jahre später war es vorbei mit dem Safrananbau, und das, obwohl die Nachfrage vorhanden war.

Petraks Buch stand 200 Jahre in der Melker Stiftsbibliothek, ehe es der Ökologe Bernhard Kaar für sich entdeckte. »Pflanzen verändern Menschen«, weiß Kaar, »und Menschen verändern auch Pflanzen.« In der Gärtnerei seines Großvaters aufgewachsen, zog es ihn in die Wissenschaft und schließlich in die Entwicklungszusammenarbeit nach Nepal. Just bei einem Urlaub in Österreich traf er im Zug zwischen Wien und Linz seine große Liebe, die von seiner Idee, dem Safran ein Comeback zu verschaffen, begeistert war. Nach der Heirat sprangen die Kaars ins kalte Wasser, kündigten ihre sicheren Bürojobs, kauften den alten Bahnhof Dürnstein und eröffneten dort eine Safranmanufaktur. Den Safran bauen sie auf Feldern in der Gegend an. Vor dem Bahnhof stehen ein paar Zeilen Krokusse.

Im ehemaligen Warteraum hängen Bilder des Safrankrokus. Vor einem Pult mit allerhand Proben und Gerätschaften stehen dicht an dicht Sesselreihen, die des Öfteren gefüllt sind. Dann werden Anbau und Veredelung des Crocus sativus mit seinen langen goldenen Fäden gelehrt.

Adresse Dürnstein 76, 3601 Dürnstein | **Anfahrt** B 3 bis Dürnstein, von Westen kommend nach dem Tunnel links abbiegen und die zweite Straße links zum Bahnhofsparkplatz nehmen | **Öffnungszeiten** Mitte April–Ende Okt. Fr–So 12–17 Uhr | **Tipp** Von der romantischen Ruine Dürnstein, auf der einst Richard Löwenherz als königlicher Gefangener verweilen musste, ergibt sich ein prachtvoller Panoramablick über die Wachau.

19_Das Schnapsglasmuseum

Hochprozentige Designgeschichte

Es gibt sie von Krems bis San Francisco. Sie tragen kunstvolle Gravuren, Firmenembleme, Ortsansichten oder Witzbildchen. Manche sind schlank und durchsichtig, manche bauchig und bunt. Der kleine Bruder des Weinglases ist nicht nur in den Souvenirläden auf der ganzen Welt ein Klassiker, sondern begleitete alle Epochen der europäischen Designgeschichte. Das Schnapsglasmuseum zeigt 1.000 Modelle von der Barockzeit bis in die Gegenwart, darunter das kleinste Schnapsglas der Welt.

Schnapsgläser zu produzieren erfordert eine besondere Kunstfertigkeit, was die teilweise aufwendig mit chemischer Ätzung verzierten Gläser zeigen. Geblasen und von Hand gefertigt wurde ein Exemplar in Hundeform – es hat Schnauze und Schwanz. Die witzige Kreation stammt von einem der Glasbläser, die im 19. Jahrhundert in den böhmischen Glashütten arbeiteten. Sie durften das Ausschussmaterial nutzen, um ein bisschen dazuzuverdienen. In ebenjenen Glashütten liefen zur selben Zeit die Öfen heiß für das Wiener Familienunternehmen Lobmeyr, das Königshäuser in ganz Europa mit seinen Glaserzeugnissen belieferte. Die Schnapsgläser von Lobmeyr bilden den Kern der Echsenbacher Sammlung. Kein Zufall, denn der Leihgeber Harald Rath entstammt der Glasdynastie und leitete das Unternehmen mit seinen Brüdern in fünfter Generation.

Für die 1823 in Wien gegründete Firma Lobmeyr entwarfen bekannte Architekten und Designer. Wertvolle Exponate stammen aus der Wiener Ringstraßenära. Theophil Hansen, der Architekt des Wiener Parlaments, schuf ein langstieliges Glas mit klassizistischen Elementen. Die Moderne brachte erstmals schnörkellosere Designs. Zu finden sind Modelle von Josef Hoffmann, Adolf Loos und Koloman Moser. Das Schnapsglasmuseum wurde in einem vor mehr als 100 Jahren stillgelegten Gasthaus eingerichtet. Im urigen Keller darf man hochprozentige Tropfen aus der Region verkosten.

Adresse Kirchenberg 4, 3903 Echsenbach | **Anfahrt** B 2 bis Schwarzenau, L 8099 bis zur Kirche von Echsenbach | **Öffnungszeiten** 1. April – 30. Nov. täglich 9 – 12 und 13 – 17 Uhr, Karfreitag bis Ostersonntag und 1. und 2. Nov. geschlossen | **Tipp** Im Garten unterhalb des Schnapsglasmuseums steht Österreichs erstes Fertigteilhaus der Firma Hartl.

20 Das Krahuletz-Museum

Forscher aus Leidenschaft

Eine Reise durch die Erdgeschichte gefällig? Das geht im unteren Geschoss. Vielleicht auch noch ein bisschen Menschheitsgeschichte von der Steinzeit bis zum Mittelalter? Dafür muss man nur die Stiegen hochsteigen.

Die Umgebung von Eggenburg ist aufgrund der vielen Funde so etwas wie eine prähistorische Goldmine. Ein Umstand, der Wissenschaftler aus der ganzen Welt hierherlockt. Beim Straßenbau in den 1950er Jahren wurde etwa *Tetralophodon longirostris*, ein prähistorischer Elefant, der sich entlang der Urdonau aufhielt, gefunden. Eine kleine Sensation ist der Schädel von *Gavialosuchus eggenburgensis*, einem Krokodil, das vor 20 Millionen Jahren in den Flussmündungen der Gegend lebte. Aber auch die Menschen haben Spuren hinterlassen: Tongefäße aus der Jungsteinzeit, Schmuck aus der Eisenzeit oder ein Zaumzeug aus der Römerzeit.

Zu verdanken ist ein Großteil der Objekte dem 1848 geborenen Forscher Johann Krahuletz. Der lernte zwar das Familienhandwerk des Büchsenmachers, übte es aber nicht aus. Schon von Kindheit an war er auf den Äckern und Feldern unterwegs, um Relikte aus der Vergangenheit zu suchen, anfangs noch für einen adeligen Forscher, der ihn später unterstützte. Durch seine Grabungen kam Krahuletz in Kontakt mit Wissenschaftlern der Universität Wien, die ihn ermutigten, seine Forschungen zu intensivieren. Krahuletz' Sammlerleidenschaft reichte von prähistorischen Funden bis hin zu volkskundlichen Objekten, welche die Leute oft als Gerümpel ansahen. Als die Einheimischen und die Stadt das Talent des geselligen Krahuletz und den Wert seiner Sammlung erkannten, retteten sie diese vor einem drohenden Verkauf. 1925 wurde der Forscher, der sich sein ganzes Wissen im Selbststudium angeeignet hatte, zum Professor der Geologie ernannt. Die Errichtung des Museums hat er noch selbst erlebt. Die Sammlung ist so umfangreich, dass sie bis heute aufgearbeitet wird.

Adresse Krahuletzplatz 1, 3730 Eggenburg | **Anfahrt** B 2 nach Eggenburg, in den Wasserburgerring abfahren bis zum Krahuletzplatz | **Öffnungszeiten** Mitte März–30. Dez. Mo–Fr 9–17 Uhr, Sa, So und Feiertage 10–17 Uhr | **Tipp** Am Krahuletzplatz steht ein Frühwerk des Architekten Clemens Holzmeister. Das ehemalige Lichtspielhaus wurde erstmals 1917 in Betrieb genommen.

21_Die Schwedenkugel

Eine Waffe wird zur Süßigkeit

Nicht immer sind die Dinge so, wie sie scheinen. Selbst der mündlichen Überlieferung ist oft mit Vorsicht zu begegnen. Vor allem, wenn es um alte Kanonenkugeln geht.

Eggenburg zählte im Mittelalter zu den am besten befestigten Städten. Die zwei Kilometer lange Stadtmauer ist jetzt ein Paradies für Spaziergänger. Neben der Schmida, die sich an zwei Seiten an die Stadt schmiegt, führt der Weg am verwachsenen Glacis entlang. Dort sind Schießscharten und Pechnasen zu sehen, die zu Verteidigungszwecken gebaut wurden. Ein Stück darf man sogar oben entlang der Zinnen gehen. In friedlichen Zeiten war es lediglich unter dem Aborterker gefährlich.

An der Nordwestecke, unterhalb des runden Turms, befindet sich ein auffälliger Wulst in der Mauer. Jedes Kind in Eggenburg scheint zu wissen, dass es sich dabei um die Schwedenkugel handelt, eine Kanonenkugel, die während der schwedischen Belagerung gegen Ende des Dreißigjährigen Krieges abgeschossen und später als Mahnmal eingemauert wurde. Eine andere Version der Geschichte erzählt davon, dass die aus Böhmen kommenden Hussiten im 15. oder 16. Jahrhundert das Geschoss auf die Stadt abgefeuert hätten und man die Kugel als Hinweis an die Angreifer, dass man imstande sei, die Stadt zu halten, in die Mauer eingeschlossen habe. Am ehesten dürfte die Kugel im späten 19. Jahrhundert eingemauert worden sein und nicht von gegnerischen Kanonen, sondern aus der eigenen Rüstungsproduktion stammen. Die Geschosse wurden aus dem heimischen Zogelsdorfer Kalksandstein hergestellt.

Die Legende um die Schwedenkugel hat auch eine friedliche Komponente. In den 1930er Jahren soll ein Zuckerbäcker daran vorbeigegangen sein und davon inspiriert dem von ihm kreierten Schaumspitz mit Schokoladenüberzug den Namen »Schwedenbombe« gegeben haben. Wie um die Kanonenkugel ranken sich auch um die altösterreichische Süßspeise mehrere unbestätigte Gründungslegenden.

Adresse beim Kanzlerturm an der Außenseite der Stadtmauer, 3730 Eggenburg | **Anfahrt** B 2 nach Eggenburg, vom Hauptplatz über die Pfarrgasse und die Kirchengasse zum Abgang auf den Glacis links neben der Pfarrkirche Sankt Stephan, dem Gehweg nach Norden folgen | **Tipp** Kehren Sie nach dem Stadtmauer-Rundgang in der Konditorei Bucher am Hauptplatz ein und genießen Sie einen süßen Schaumspitz mit Schokoladenüberzug, der nunmehr den Namen »Indianer« trägt.

22 Die Seriengemeinde

Eine Ortschaft wird zum Hauptdarsteller

Die Bewohner von Eisgarn haben eine ungewöhnliche Gemeinsamkeit mit denen des bayerischen Bad Tölz. Sie leben in einem Ort, der einer erfolgreichen TV-Serie als Kulisse diente und prototypisch für die Region steht. Am TV-Bildschirm verwandelt sich die 700-Seelen-Gemeinde Eisgarn in das kleine Nest Braunschlag. Während in Bad Tölz ein grantelnder Bulle knifflige Kriminalfälle löst, treiben in Braunschlag ein windiger Bürgermeister und sein bester Freund, der Discobesitzer, ihr Unwesen. Mit Hilfe einer vorgetäuschten Marienerscheinung beflügeln sie den Tourismus und spülen Geld in die verschuldete Gemeindekasse.

Braunschlag-Regisseur David Schalko ist im Waldviertel aufgewachsen und wollte mit der Serie seine Erinnerungen auffrischen. Rein äußerlich hat sich die Region über die Jahrzehnte kaum verändert. Ein Umstand, der auch damit zu tun hat, dass die Arbeitsplätze rar sind und die Jungen in die Städte abwandern. Braunschlag spielt auf die strukturellen Probleme des Waldviertels an. Immer wieder einmal lässt man sich etwas Neues einfallen, um Menschen anzulocken. Das Ergebnis ist meist nicht abzuschätzen.

Beim Spaziergang durch Eisgarn wird man die Serien-Schauplätze mit ihrem Lokalkolorit eins zu eins wiederfinden, darunter Dorfplatz, Kirche und Gemeindeamt. Der Ortschef in der Serie wickelte tatsächlich im echten Bürgermeisterzimmer seine Amtshandlungen ab. In dem kleinen Laden mit seinem alten Schriftzug kann man auch in Wirklichkeit einkaufen. Anders verhält es sich mit der Disco, einem Relikt der 1990er Jahre. Das Nachtlokal steht mitten im Dorf, musste aber vor Jahren zusperren, weil die Exzesse der Jugendlichen am Wochenende den Anrainern das Leben schwer machten.

Jenseits des Ortsschildes beginnt die Landschaft, durch die Serienbürgermeister Gerry Gstach alias Robert Palfrader im Serienintro mit dem Auto fährt: Felder, Wälder und Teiche.

Adresse 3862 Eisgarn | **Anfahrt** L 30 bis Heidenreichstein, im Kreisverkehr die zweite Ausfahrt nehmen und danach links abbiegen auf die L 5, dieser bis Eisgarn folgen und links abbiegen auf die Hauptstraße | **Tipp** In dem TV-erprobten Ort versteckt sich das kleinste Stift Österreichs. Die Stiftskirche Eisgarn zählt zu den schönsten frühgotischen Kirchen des Waldviertels.

23 Die Perlmuttmanufaktur

Knöpfe und Komponistenköpfe

Was am Klondike-Fluss in Alaska der Goldrausch, war an der Thaya das Geschäft mit der Flussmuschel. Blickte man an einem sonnigen Tag von einer Brücke, sah man die Schalentiere in allen Farben schillern. Tonnenweise wurden sie herausgefischt und an die Perlmuttdrechsler verkauft. Aus den Muschelschalen wurden nicht nur Knöpfe und Kunstgegenstände gefertigt. Der irisierende Glanz von Perlmutt durfte auch in keiner Schmuckkassette fehlen.

Anfang der 1950er Jahre waren die Flussmuscheln so gut wie ausgerottet. Mit ihnen verschwanden auch die Perlmuttbetriebe. Nur einer blieb übrig. Er hielt seither jeder Krise stand und überlebte auch die Markteinführung des Polyesterknopfes.

Den Beruf des Perlmuttdrechslers gibt es heute offiziell nicht mehr in Österreich. Alles, was Rainer Mattejka über Perlmutt weiß, hat er von seinem Großvater gelernt. Der begann in der Muschel-Krise 1952 aus Indonesien zu importieren, um weiter arbeiten zu können. Nachdem Mattejka den Betrieb 2005 übernommen hatte, leitete er die Modernisierung ein.

Bis zu sieben Millionen Knöpfe werden pro Jahr hergestellt, das ist mehr als das Siebenfache der früheren Produktion. Die größten Abnehmer sind internationale Modelabels. Stolz ist der Perlmuttdrechsler auf Spezialanfertigungen wie Münzen oder das Profil von Beethovens Kopf, das in eine Serie von Bösendorfer-Klavieren eingesetzt wurde.

Weggeworfen wird nichts. Die Schalenreste und Ausschussknöpfe werden zerrieben für den Außenputz von Häusern verwendet. Ein paar Millionen von ihnen schmücken die Wände der Werkstatt, von denen es glitzert und funkelt wie in einer Schatzkammer. Neben den heute gebräuchlichen Vollautomaten zur Knopferzeugung stehen alte Maschinen, Werkzeuge und Bänke. Mit den Schaukästen, in denen sich eine Sammlung historischer Perlmuttgegenstände befindet, ist die Manufaktur so etwas wie ein kleines Museum.

Adresse Felling 37, 2092 Felling | **Anfahrt** B 30 bis Riegersburg, abbiegen auf die L 1045, in Felling die zweite Straße rechts hinauffahren | **Öffnungszeiten** April–Okt. sowie Dez. Mo–Fr 9–12 und 13–17 Uhr, Sa 9–13 Uhr (Mai, Juni, Sept. Sa 9–16 Uhr), März und Nov. Mo–Do 9–12 und 13–16 Uhr, Fr 9–12 Uhr; Feiertage geschlossen, 24. Dez.–Ende Feb. Winterpause | **Tipp** Bei Merkersdorf kann man die malerische Burgruine Kaja besichtigen und im Burghof unter einer jahrhundertealten Linde rasten.

24 Die Ruine Lichtenfels

Ins Wasser gefallen

Die Ruine wird gern in Flipflops und Badekleidung besucht. Wer am Campingplatz urlaubt, kommt nicht daran vorbei. Von den Stränden der schmalen Landzunge aus sind es nur ein paar Schritte bis zum ersten Burgtor. Dort heißt es erst einmal haltmachen. Denn aus Sicherheitsgründen darf die Ruine nicht mehr betreten werden. Dafür kann man ein Stück weit um die Mauern herumschleichen und durch die großen Fenster und Ausbrüche einen Blick in das massive Bauwerk werfen, von dem es heißt, dass die Geister darin ausgelassene Feste feiern. Ein Bauer soll einmal zufällig in ein solches hineingeplatzt sein, sich prächtig amüsiert haben und erst als er für seine Konsumation bezahlen wollte, bemerkt haben, dass das Geld, das dort in Umlauf war, einer längst vergangenen Zeit entstammte, ebenso wie die Partygäste.

Tatsächlich gespenstisch ist die Tatsache, dass die Burg, die heute nur wenige Meter malerisch über der Wasseroberfläche thront, im 12. Jahrhundert auf einem imposanten Felssporn hoch über dem Kamp errichtet wurde. Erreicht werden konnte sie jahrhundertelang nur über eine Brücke.

Die Burg war so sicher, dass die Mönche aus dem 15 Kilometer entfernten Stift Zwettl im Jahr 1426 all ihre Schätze, Reliquien, Dokumente und Bücher hierher in Sicherheit brachten – darunter die als »Bärenhaut« bezeichnete Handschrift, die bis heute Einblick in die Geschichte des Waldviertels gibt. Wenig später griffen die aus Böhmen stammenden Hussiten das Stift an und brannten es nieder. Die tief im Wald versteckte Burg blieb verschont und barg das wertvolle Gut so lange, bis das Stift wieder aufgebaut werden konnte.

Im Jahr 1957 wurde die Höhenburg zur Wasserburg, als sich der damals angelegte Stausee Ottenstein mit Wasser füllte. Aus dem Flusstal wurde eine fjordartige Landschaft und Burg Lichtenfels ein Hingucker für jeden, der die Stauseebrücke überquert.

Adresse Kampsee Ottenstein, 3533 Friedersbach | **Anfahrt** B 37 bis Rastenfeld, der B 38 folgen bis nach der Brücke über den Kampsee, danach rechts abbiegen | **Tipp** Mit einem Leihboot vom Terrassencafé Ottenstein können Sie den Stausee vom Wasser aus erkunden.

25 Die Falco-Statue

Muss ich denn sterben, um zu leben?

In Gars, sagt man, sei Falco, der weltberühmte Popmusiker aus Österreich, ganz er selbst gewesen: Hans Hölzl, wie er mit bürgerlichem Namen hieß. Er fuhr mit der Vespa herum, ging spazieren und genoss es, nicht im Rampenlicht zu stehen.

Nach Gars gekommen war Falco durch den Fitnesspapst Willi Dungl, der sich in dem Luftkurort ein Gesundheitsrefugium aufgebaut hatte. Den exzentrischen Popstar und den beliebten Gesundheitsexperten verband eine intensive Freundschaft. Oft blieb Falco wochenlang in Dungls Hotel. Mitte der 1980er Jahre spielte er seinem väterlichen Freund im Behandlungszimmer das Lied »Jeanny« vor. Willi Dungl gefiel, was er hörte. Nach der Veröffentlichung kletterte der Song, der zu kontroversen Diskussionen bis hin zu Boykottaufrufen führte, in Österreich, Deutschland und der Schweiz an die Spitze der Hitparaden. Nur wenige Wochen später folgte der Weltruhm mit »Rock Me Amadeus«, das in Großbritannien und den USA auf Platz eins schoss. Damit er sich von den anstrengenden Tourneen und dem Leben in Wien erholen konnte, kaufte Falco eine Villa in der Horner Straße, direkt am Kamp.

Der Erfinder des Deutsch-Rap und des Manhattan-Schönbrunner-Deutsch, einer Mischung aus Wiener Dialekt, Hochdeutsch und Englisch, pflegte zu sagen: »In Wien musst erst sterben, dass sie dich hochleben lassen. Aber dann lebst lang.« Nach seinem frühen Tod 1998 sollte er auch in Gars unvergessen bleiben.

Nur ein paar Schritte entfernt von der Diskothek Whisky-Mühle, wo oft zu seinen Liedern getanzt wurde, befindet sich seit 2011 im Kurpark eine Falco-Statue. In lässiger Haltung steht der Unsterbliche auf einem mehrere Tonnen schweren Sockel aus norwegischem Granit. Die Enthüllung wurde von Motorradrockern des Clubs »Outsiders MC Vienna« vorgenommen, die bereits im »Amadeus«-Musikvideo mitgespielt und Falco später zu Grabe getragen hatten.

Adresse Kurpark, 3571 Gars am Kamp | **Anfahrt** B 34 bis Gars am Kamp, abzweigen in die Kollergasse, dann bis zum Sparkassenplatz fahren | **Tipp** Franz von Suppé komponierte auf seinem Sommersitz, dem Sophienheim in der Kremserstraße 40, sein Hauptwerk »Boccaccio«. Über dem Eingangstor sind die ersten Takte von »Oh, du mein Österreich« abgebildet.

26 Die byzantinische Kapelle

Brückenschlag zwischen Ost und West

Das Prämonstratenser-Chorherrenstift Geras nimmt im Grenzland seit Jahrhunderten eine versöhnende Rolle ein. Mit der Gestaltung einer byzantinischen Kapelle hat Abt Michael eine Brücke zu den Ostkirchen geschlagen.

Von Geras bis zur tschechischen Grenze sind es nicht einmal zehn Kilometer. Bis 1989 war dort der Eiserne Vorhang. Lange davor missionierten im Mährenreich die Gelehrten Kyrill und Method und verbreiteten den christlichen Glauben nach byzantinischem Ritus. Die sinnliche Messfeier mit viel Weihrauch, hell erleuchteten Lustern und prächtigen Ikonen ist ein wichtiger Teil dieser Tradition. Entwickelt wurde der Ritus, auf den sich alle orthodoxen Kirchen berufen, von den Priestergelehrten in Konstantinopel, das 330 neue Hauptstadt des Römischen Reiches geworden war. Wenig später wurde das Reich geteilt, der westliche Teil ging unter. Orthodoxe im Osten und Katholiken im Westen begannen sich auseinanderzuentwickeln, nicht zuletzt aufgrund des päpstlichen Herrschaftsanspruches. Im Mittelalter kam es zur Kirchenspaltung. Einige Gruppen kehrten zur katholischen Kirche zurück und durften den byzantinischen Ritus beibehalten. Erst am Ende des Zweiten Vatikanischen Konzils kam es zu einer Versöhnung.

Die Idee von Abt Michael, eine alte Kapelle im oberen Seitenschiff der Stiftskirche umzufunktionieren, fiel in Geras auf fruchtbaren Boden. Im Stift hat die Ikonenmalerei Tradition. Prachtvoll wurde der Raum mit zahlreichen Ikonen, einem Monumentalfresko der tschechischen Künstlerin Eleonora Vlková, einem siebenarmigen Kerzenleuchter und zahlreichen Kunstgegenständen ausgestattet.

Die Einweihung der Kapelle nahm der melkitisch-griechisch-katholische Patriarch Gregorios III. Laham aus dem syrischen Damaskus vor. Aus der spirituellen Freundschaft wurde in der Folge ein Hilfsprojekt für die Menschen des bürgerkriegsgeschüttelten Landes.

Adresse Stift Geras, Hauptstraße 1, 2093 Geras | **Anfahrt** B 4 bis Geras, Parkplatz vor dem Stift | **Öffnungszeiten** Besichtigung nach Vereinbarung, Informationen unter Tel. +43/(0)2912/345202 | **Tipp** Steigen Sie in den Reblaus Express und genießen Sie eine Fahrt mit der Nostalgiebahn nach Drosendorf oder Retz.

27_Der 15. Meridian

Wem die Stunde richtig schlägt

Ein Uhrenvergleich am Meridianstein lohnt sich. Mit seiner Sonnenuhr ist er eine verlässliche Zeitquelle. Auch wenn die meisten Menschen ihr Zeitgefühl nach dem Smartphone ausrichten, ticken wir immer noch nach dem Stand der Sonne. Dennoch zeigen Sonnenuhren nur an wenigen Orten die exakte Zeit. Verwirrend?

Einmal angenommen, Sie befinden sich in Innsbruck und hören die Uhr um zwölf Uhr Mittag schlagen – dann ist es streng genommen noch gar nicht zwölf. Eine Sonnenuhr könnte das sofort beweisen. Die wird nämlich ein paar Minuten vor zwölf Uhr anzeigen. Warum ist das so? Die mitteleuropäische Zeit, die in Österreich gültig ist, richtet sich nach dem 15. Längengrad östlich von Greenwich. Entlang dieser Linie, die durch Gmünd verläuft, hat die Sonne überall genau zu Mittag ihren höchsten Stand. Demnach ist es exakt zwölf Uhr.

Bevor man sich auf die weltweit gültigen Zeitzonen einigte, hatte jeder Ort seine eigene Zeit, abhängig vom jeweiligen Sonnenstand. Das war so lange kein Problem, bis die Eisenbahn kam und ein verlässlicher Fahrplan vonnöten war. Deshalb betrieb jedes Land seine eigene Zeitpolitik, und die konnte sich vom Nachbarn ganz schön unterscheiden, Verwirrung beim Grenzübertritt inbegriffen. Kein Wunder, dass einem Eisenbahner im weitläufigen Kanada die Idee mit den Zeitzonen kam. Einige Jahre später einigte man sich auf der internationalen Meridiankonferenz in Washington auf 24 Zeitzonen und den Nullmeridian in Greenwich bei London. Weil die Eisenbahn die treibende Kraft war, sprach man damals von der mitteleuropäischen Eisenbahnzeit. In Österreich wurde sie 1893 gesetzlich eingeführt.

Den Meridianstein haben die Gmünder Weltraumfreunde, eine Gruppe von Philatelisten mit astronomischem Schwerpunkt, im Jahr 1960 aufgestellt. Verlässliche Auskunft gibt die Sonnenuhr allerdings nur während der Wintermonate. Schuld daran ist die Umstellung auf Sommerzeit, die der Sonne um eine Stunde voraus ist.

Adresse Schremser Straße, 3950 Gmünd | **Anfahrt** B 2 bis Schrems, L 41 bis Gmünd, im ersten Kreisverkehr abbiegen auf die Schremser Straße, Stein kurz nach der Ortseinfahrt auf der rechten Seite, schräg gegenüber der Tankstelle | **Tipp** Eine Wanderung zum Malerwinkel führt durch eine gebirgsbachartige Flusslandschaft, die Heimat für Fischotter und Gebirgsstelzen ist.

28 Die Eisenberger Fabrik

Industriearchitektur vom Feinsten

Charme hat er, dieser alte Industriebau. Als Zeichen für wirtschaftliche Prosperität wurden die Pinienzapfen auf die runden Giebel auf dem Dach gesetzt. Die großen Eisenfenster mit ihren kleinen rechteckigen Scheiben und der Wasserturm mit seinen runden Fenstern und dem steilen Pyramidendach erinnern an eine Zeit, als in der Industriearchitektur gern verspielte Elemente verwendet wurden. Obwohl das Gebäude durch mehrere Hände ging und dort Teppiche, Dekorstoffe und im Krieg sogar Granaten hergestellt wurden, wird es noch immer nach seinem Erbauer Samuel Eisenberger genannt. Der war Seidenwarenfabrikant und ließ den Stahlbetonbau in den 1920er Jahren errichten.

Der Eingang ist unterhalb des Turms. Kaum betritt man die Fabrik, steht man im breiten Stiegenhaus, das sich um einen alten Lastenaufzug windet. Im zweiten Stock angelangt, ist auf der rechten Seite die Tür in eine große Halle geöffnet. Dort sind in den warmen Monaten Kunstwerke in wechselnden Ausstellungen zu sehen. Blickt man auf der Nordseite aus den Fenstern, so sieht man direkt unterhalb die Eisenbahngleise. Ein paar Straßen weiter ist schon die Tschechische Republik.

Einen Stock tiefer befindet sich das gigantische Bücherlager der »Bibliothek der Provinz«. Der Ende der 1980er Jahre von dem umtriebigen Kulturdoyen Richard Pils gegründete Verlag hat mehrere tausend Bücher in allen Sparten der Literatur, Kunst und Geschichte veröffentlicht. Pils kaufte die 1992 stillgelegte Fabrik gemeinsam mit dem Buchdrucker Herbert Schlesinger, um daraus ein Kulturzentrum zu machen. Schlesinger verfolgt im Erdgeschoss seine Vision eines Druckmuseums mit internationaler Ausrichtung. Derzeit lagern dort tonnenschwere Druckmaschinen, Steindruckplatten und Setzkästen. Die Fabrik ist im Wandel. Für eine Erweiterung um einen Konzertsaal und Museumsräumlichkeiten liegen die Pläne schon auf dem Tisch.

Adresse Litschauer Straße 23, 3950 Gmünd | **Anfahrt** B 2 bis Schrems, L 41 bis Gmünd, im ersten Kreisverkehr auf die Schremser Straße, dann in die Bahnhofstraße, vorbei am Stadtplatz, der Litschauer Straße folgen | **Öffnungszeiten** Ausstellungsbetrieb in den Sommermonaten: Sa, So und Feiertage 10–17 Uhr | **Tipp** In einem der ältesten Häuser des Stadtplatzes ist die ehemalige Huf- und Wagenschmiede untergebracht, die nun als Museum zu besichtigen ist.

29 Das Flüchtlingslager

Wo die Erinnerung weiterlebt

Wer durch das Tor geht, steht mitten in der turbulenten und leidvollen Geschichte des 20. Jahrhunderts. Straßen und manche Gebäude wirken sonderbar. Hier ist nichts historisch gewachsen, sondern alles nach Plan angelegt.

Als der Erste Weltkrieg ausbrach, verloren Zehntausende Menschen aus den Randgebieten der Monarchie ihr Zuhause. In Gmünd sah man aufgrund der guten Versorgung mit Holz und Wasser und der Bahnanbindung die Bedingungen für ein großes Flüchtlingslager gegeben. Bald schon wurden Menschen aus Galizien und der Bukowina hierher evakuiert. Das Lager bestand aus einfachen Wohnbaracken und hatte eigene Verwaltungsstrukturen. Es gab Werkstätten, ein Elektrizitätswerk und eine griechisch-katholische Kirche. Das Verwaltungsgebäude am Schubertplatz wird heute als Wohnhaus genutzt.

Trotz der Bemühungen, den Menschen ein würdiges Leben zu ermöglichen, mangelte es an Privatsphäre und hygienischen Einrichtungen. In den ersten Jahren war es nur möglich, sich in offenen Kanälen zu waschen. Das Lager durfte nicht verlassen werden, weil in der Bevölkerung die Angst vor den Flüchtlingen umging. Krankheiten und Seuchen waren das größte Problem. Zwar gab es ein Spital mit 2.500 Betten – was verglichen mit den 2.100 Betten des Wiener Allgemeinen Krankenhauses nach viel klingt –, dennoch konnte die Gesundheitsversorgung mit nur 13 Ärzten und 40 Schwestern nicht annähernd gewährleistet werden. Von den 200.000 Menschen, die in das größte Flüchtlingslager der Monarchie kamen, konnten 30.000 nicht mehr nach Hause zurückkehren. Sie fanden ihre letzte Ruhe auf dem Friedhof, der heute ein Gedenkort ist.

Nach dem Ende des Krieges wurde die Grenze durch Gmünd verlegt. Wer von der tschechoslowakischen Seite flüchtete, fand im verlassenen Flüchtlingslager ein neues Zuhause. In den großen Hallen siedelten sich Betriebe an. Allmählich entstand daraus die Gmünder Neustadt.

Adresse Weitraer Straße/Schubertplatz, 3950 Gmünd | **Anfahrt** L 41 bis Gmünd, im ersten Kreisverkehr auf die Schremser Straße, dann über die Bahnhofstraße und die Weitraer Straße zum Tor beim Schubertplatz | **Öffnungszeiten** jederzeit; Termine für kostenfreie Führungen auf www.gmuend.at | **Tipp** Der Oberleitungsbus, der lange Jahre die Gmünder vom Hauptplatz zum Bahnhof České Velenice beförderte, wurde als originalgetreue Replik nachgebaut und fährt nun wieder.

30_Die Franz-Kafka-Gasse

Schicksalhafte Begegnung an der Grenze

Im Nebel wirkt die kurze Gasse ihrem Namensgeber entsprechend kafkaesk. Nach Osten hin mündet sie in die breite Grenzlandstraße, in der sich alles zu verlaufen scheint zwischen endlosen Lagerhallen und Firmengebäuden.

Franz Kafka selbst hatte ein ganz anderes Bild von Gmünd, wo er 1920 mit Milena Jesenská einen schicksalhaften Sommertag verbrachte. Die beiden hatten einander in Prag kennengelernt, wo sie für ihn Texte übersetzte, bis sie mit ihrem Mann nach Wien zog. Derweil entwickelte sich aus der Freundschaft zwischen ihr und Kafka eine Liebesbeziehung, die von Anfang an kompliziert war. Nach einigen verwirrenden Begegnungen versuchte sie ihn zu überreden, nach Wien zu kommen. Auf seinen Vorschlag hin stimmte sie einem Treffen am 15. August in Gmünd, genau in der Mitte zwischen Wien und Prag, zu. Wenige Tage zuvor waren Vororte von Gmünd, darunter Unter-Wielands mit dem Bahnhof, laut dem Vertrag von Saint-Germain an die Tschechoslowakei gefallen. Gmünd wurde geteilt. Kafka brauchte also ein Visum, um in die Stadt zu gelangen.

Was genau an jenem Sonntag in Gmünd geschah, ist eines der großen Geheimnisse für die Kafka-Forschung. Das Treffen fand nur untertags statt, damit Jesenskás Ehemann keinen Verdacht schöpfen konnte. Vermutlich verbrachten die Liebenden aber einige Zeit in einem Zimmer im Bahnhofshotel. Eine körperliche Vereinigung scheiterte an Kafkas Ängsten, was dieser in einem Brief vage zur Sprache brachte.

Was man weiß, ist, dass Kafka und Jesenská am Abend auf einer Wiese lagen, dass er ihr das Manuskript seines Textes »Brief an den Vater« übergab und dass er seiner Schwester Ottla eine Ansichtskarte schrieb. Das Treffen in Gmünd bestätigt, dass die beiden einander in der Realität viel weniger vertraut waren als in ihrer Phantasie und ihren Korrespondenzen. Das hatte zur Folge, dass die Liebesbeziehung endete. Die Freundschaft jedoch blieb.

Adresse Franz-Kafka-Gasse, 3950 Gmünd | **Anfahrt** B 2 bis Schrems, L 41 bis Gmünd, im ersten Kreisverkehr auf die Schremser Straße, dann in die Bahnhofstraße, vorbei am Stadtplatz, der Litschauer Straße folgen | **Tipp** Folgen Sie der Grenzlandstraße und gönnen Sie sich eine Pause im Grenzlandcafé oder machen Sie einen Abstecher nach České Velenice – beim dortigen Kulturhaus startet ein Themenweg zum Ersten Weltkrieg.

31 Die Sandeiche

Vom Wasser verkohlt

Neben dem Feuerwehrhaus liegt ein verkohlter Baumstamm. Zur Schau gestellt hinter Glaswänden, sieht er aus wie das Relikt eines Löscheinsatzes bei einem Waldbrand. Dabei war nicht das Feuer für das Schicksal des Baumes verantwortlich, sondern das Wasser.

Das Tal der Lainsitz ist eine alte Kulturlandschaft. Der Fluss selbst entspringt bei Karlstift, passiert bald darauf die Grenze nach Böhmen und dreht danach noch einmal eine große Runde im Waldviertel, ehe er in der Tschechischen Republik durch dramatische Landschaften mit stellenweise reißendem Strom bis zur Moldau gelangt.

Nach starken Regenfällen im Jahr 2002 stieg die Lainsitz an und verursachte zum Leidwesen der Einheimischen binnen kürzester Zeit ein Jahrhunderthochwasser. Die Wassermengen nahmen alles mit, was nicht niet- und nagelfest war, und gruben mit ihrem Sog Teile des Flussbettes auf. Wenige Tage später wurde ein großer Baumstamm auf einer Sandbank entdeckt. Damit ihn niemand zu Brennholz machen konnte, übergab ihn die Gemeinde der Wissenschaft, und die hatte einige gewichtige Antworten.

Durch ein Hochwasser ist die Eiche nicht nur an die Oberfläche gekommen, ein solches dürfte sie auch entwurzelt und im Flussbett begraben haben. Das geschah um 650 nach Christus, als das Lainsitztal noch nicht von Menschen besiedelt war. Damals hatte die Eiche schon ein stattliches Alter von 240 Jahren erreicht. Im Sand befand sie sich unter Luftabschluss und begann sich langsam in Kohle zu verwandeln, wobei es sich um ein frühes Stadium der von den Erdwissenschaften so bezeichneten Inkohlung handelt. Bei diesem Prozess wird eine Pflanze zuerst zu Torf, dann zu Braunkohle, später zu Steinkohle und schließlich zu Grafit. Im Schauraum liegt neben der Sandeiche ein kleines, etwa 30 Millionen Jahre altes Stück Holz, das unter speziellen chemischen Bedingungen versteinert ist. Dagegen ist die Sandeiche ein Jungspund.

Adresse Breitenseer Straße 39, 3950 Gmünd | Anfahrt B 2 bis Schrems, L 41 bis Gmünd, im ersten Kreisverkehr auf die Schremser Straße, dann in die Bahnhofstraße, vorbei am Stadtplatz, der Litschauer Straße folgen, wenn die Bahngleise näher an die Straße rücken, links abbiegen | Tipp Die Lainsitz mit ihren zahlreichen Mäandern, blinden Flussarmen und Tümpeln kann man von Gmünd aus am besten zu Wasser erkunden – Kanutouren führen durch das Naturschutzreservat.

32 Das Bohrloch

Verhinderter Teilchenbeschleuniger

Wer durch Zufall auf ihn stößt, wird sich fragen, was ein Kanaldeckel mitten im dichten Wald verloren hat. Dass sich darunter ein 42 Meter tiefer Schacht verbirgt, klingt ebenso unglaublich wie der damit verbundene Wissenschaftskrimi.

Wenige Jahre nachdem die Europäische Organisation für Kernforschung, kurz CERN, mit Sitz in der Nähe von Genf gegründet worden war, kam der Plan auf, einen zweiten Standort zu errichten. Gesucht wurde ein geeignetes Terrain für einen unterirdischen Teilchenbeschleuniger mit einem Umfang von fast sieben Kilometern und der zehnfachen Leistung seines Vorgängers. Von österreichischer Seite ging Göpfritz als Kandidat ins Rennen und galt von Anfang an als Topfavorit. Geologische Gutachter trieben mehrere tiefe Schächte in den Boden. Das erdbebensichere Gneis- und Granitplateau wies die idealen Bedingungen auf. Göpfritz stand eine große Zukunft bevor. Ein positiver Entscheid würde den Zuzug mehrerer tausend Wissenschaftler bedeuten. Eine Wirtin überlegte den Kauf einer Schnitzelmaschine, und ein kluger Investor baute ein Stockhaus.

Mitte der 1960er Jahre entbrannte zwischen den Finalisten Österreich, Italien, Frankreich und Deutschland ein gnadenloser Wettbewerb. Der deutsche Kanzler Willy Brandt drohte sogar, im Falle einer Negativentscheidung der Forschungsgemeinde den Geldhahn zuzudrehen. Im Frühjahr 1969 kam der CERN-Ratsausschuss nach Göpfritz, um sich ein Bild zu machen. Zwei Jahre später fiel die lang ersehnte Entscheidung. Wenn zwei sich streiten, freut sich bekanntermaßen der Dritte. Und das war in dem Fall der ursprüngliche Standort in der Schweiz. Plötzlich schien es effektiver, den Teilchenbeschleuniger an Ort und Stelle zu bauen.

Für die Göpfritzer ist es wohl späte Gerechtigkeit, dass die Physikerin Verena Kain, die aus der Gemeinde stammt, im Jahr 2008 mit ihrem Forschungsteam das Urknall-Experiment am CERN gestartet hat.

Adresse 3800 Göpfritz an der Wild | **Anfahrt** im Ortsgebiet Göpfritz abbiegen auf den Waldweg, die vierte Abzweigung nach rechts nehmen und dem Forstweg Zirbelnuss folgen, bis er in den Wald führt, dann die zweite Abzweigung rechts nehmen und dem Weg folgen, bis nach einigen Metern links ein Schild mit Verhaltensregeln im Wald auftaucht, hinter dem sich der Kanaldeckel befindet | **Tipp** Wer die Wild aufmerksam durchwandert, findet Außergewöhnliches: vom verrosteten Mopedskelett über ein liebevoll errichtetes Hexenhäuschen bis zum azurblauen Schotterteich.

33__Der Modellbahnhof

Alles einsteigen – Zug fährt ab!

Ein Hauch von Wildem Westen liegt in der Luft. Über die weiten Felder wölbt sich ein endloser Himmel. Die Hochebene wirkt wie die Prärie, Göpfritz mit seinen entlang der Durchzugsstraße aufgefädelten Häusern wie eine Westernstadt.

Zu Pferd war man eine Tagesreise von Wien entfernt. 1870 kamen die Eisenbahnschienen der Franz-Josefs-Bahn. Bald schon brauste der Zubringer für den Orient-Express durch den Ort und nach ihm der legendäre Vindobona. Er verband Wien mit Prag, Dresden und Berlin und war während des Kalten Krieges eine der strategisch wichtigsten Verkehrsachsen zwischen West und Ost. Es konnte vorkommen, dass man sich ein Abteil mit Geheimagenten teilte. 1992 wurde der Vindobona auf eine andere Strecke verlegt, später eingestellt.

En miniature ist die Zeit stehen geblieben. 1989 hat eine Gruppe begeisterter Modellbahnbauer begonnen, die Göpfritzer Bahnanlage samt angrenzender Ortsteile nachzubauen. Bis heute wird perfektioniert und getüftelt. Am Modell gilt noch der Fahrplan von vor der Elektrifizierung der Franz-Josefs-Bahn. Der dieselbetriebene Waldviertel-Express, ehemals im Takt zwischen Gmünd und Wien, macht halt im Bahnhof. Auf den Straßen stehen Automodelle aus den 1980er Jahren, ein Lkw rollt ins Sägewerk. Häuser, Gärten, Firmengelände – alles im Maßstab 1:87. Qualm steigt von einer Böschung auf. Ein Einsatzfahrzeug braust heran, Feuerwehrmänner löschen den Brand. Exakt so hat es stattgefunden, wissen die Modellbahnbauer.

Vor wenigen Jahren hat die Anlage einen eigenen Raum im Gemeindeamt erhalten. Alte Bahnschilder, Schaffnermützen, Zugtickets und Fahrpläne entführen in die Vergangenheit. Wenn es Nacht wird am Modellbahnhof, gehen die künstlichen Lichter an. Ein schnittiger, futuristisch wirkender Zug zischt durch die Miniaturlandschaft. Es ist der Schnelltriebzug VT 18.16, einst Stolz der DDR-Bahn, der jahrelang als Vindobona an Göpfritz vorbeifuhr.

Adresse Hauptstraße 72, 3800 Göpfritz an der Wild | Anfahrt direkt an der B 2 in Göpfritz | Öffnungszeiten Mi in den NÖ Semesterferien, Mi in der Karwoche, 1. Mi im Aug., 8. Dez. jeweils 13–17 Uhr, 24. Dez. 9–12 und 13–17 Uhr oder Gruppen nach Voranmeldung unter Tel. +43/(0)2825/8310 | Tipp Besichtigen Sie im alten Feuerwehrhaus die sorgfältig restaurierten historischen Feuerwehrwagen.

34 Das Labor des Alchemisten

Dr. Frankensteins Vorgänger

In dunklen Ecken des Internets, wo Überirdisches diskutiert wird, ist das Schloss Greillenstein eine bekannte Größe. Grund dafür sind weniger die Geschichten von spukenden Ahnfrauen und unglücklichen Seelen, von denen es in nahezu jedem Raum eine gibt, sondern vielmehr die rätselhafte Geschichte um einen Alchemisten.

Das 18. Jahrhundert brachte dem Schloss, das sich seit mehr als 500 Jahren im Besitz der Familie Kuefstein befindet, eine friedliche Zeit. Damals lebte hier Graf Johann Ferdinand II., dessen Leidenschaft der Alchemie galt. Ihn interessierten dabei weniger die pharmakologischen Aspekte oder die Goldproduktion. Mit Hilfe des italienischen Mystikers Abbé Geloni soll es ihm der Legende nach gelungen sein, zehn Homunculi, etwa 30 Zentimeter große Menschen, zu erschaffen.

Das Thema der Erschaffung künstlichen Lebens übte im 18. Jahrhundert große Faszination auf die Menschen aus. Grund dafür waren Erkenntnisse in den sich entwickelnden Naturwissenschaften, die auch Ängste auslösten. 1818 brachte die britische Autorin Mary Shelley ihren Roman »Frankenstein« heraus, der zu einem Klassiker werden sollte.

Im Schloss Greillenstein werden Besucher in ein unterirdisches Labor geführt, das einige Jahrhunderte lang verschlossen war. Für Ferdinand II. war es über eine schmale Treppe von seinem Lieblingssalon aus erreichbar. Die Homunculi sollen dort in mit Flüssigkeit gefüllten Gläsern gelebt haben und in der Lage gewesen sein, die Zukunft vorauszusagen. Weil der Graf nach dem Antritt seines Erbes auch wirtschaftliche Verpflichtungen hatte, bereiste er all seine Besitzungen persönlich. Ins Schloss zurückgekehrt, suchte er das Labor auf. Kurz darauf verließ er es wieder und kam mit erblichenem Haar, unter Schock stehend, nach oben. Die Zugänge ließ er sofort zumauern. Das Experiment war gescheitert, die Details nahm er mit ins Grab.

Adresse Greillenstein 1, 3592 Greillenstein | **Anfahrt** B 38 bis Fuglau, abzweigen auf die L 8028 bis Greillenstein, rechts abbiegen zum Schloss | **Öffnungszeiten** 1. April – 31. Okt. täglich 9.30 – 17 Uhr, 1. Juli – 31. Aug. täglich 9.30 – 18 Uhr, täglich Führungen | **Tipp** Unweit des Schlosses befindet sich in Röhrenbach die Gruftkapelle der Familie Kuefstein mit einem Kuppelfresko von Paul Troger – ein wahrer Geheimtipp.

35 Der Cordierit-Kugeldiorit

Achtung, Alien-Ei!

Wäre HR Giger, der Erfinder von »Alien«, dem unheimlichen außerirdischen Wesen, je über den Hauptplatz in Groß Gerungs spaziert, hätte er wohl den Schock seines Lebens gehabt. Das geheimnisvolle Gebilde, das dort liegt, sieht aus wie ein versteinertes Nest mit Alien-Eiern. Befindet sich hier tatsächlich ein Relikt von Besuchern aus einer anderen Welt? Die Wissenschaft liefert dazu eine eindeutige Antwort: Nein. Was die Sache nicht minder spannend macht, handelt es sich doch um einen Cordierit-Kugeldiorit, ein äußerst seltenes und wertvolles Mineral.

Den Bauern um Groß Gerungs waren die Steine, die sie aufgrund ihrer Form »Eiersteine« nannten, schon im vorletzten Jahrhundert bekannt. Beim Pflügen gelangten sie an die Oberfläche und lagen auf den Feldern herum. Nachdem Mitte der 1920er Jahre zwei Gesteinsproben ins Naturhistorische Museum Wien geschickt worden waren, geschah zunächst nichts. Erst Mitte der 1960er Jahre weckten sie die Aufmerksamkeit eines Mineralogen, der sie beim Sichten der Sammlung wiederentdeckte. Der Wiener Geologe Otto Thiele bekam davon Wind und begab sich auf die abenteuerliche Suche nach dem Gesteinsvorkommen. Erst beim zweiten Anlauf fand er aufgrund eines Hinweises von Einheimischen zwei große Blöcke und Hunderte kleine Eiersteine nahe einem Wald in Häuslern bei Groß Gerungs. Thiele identifizierte das Gestein als Cordierit-Kugeldiorit, wobei Cordierit ein vielfärbiges Mineral ist, aus dem auch Edelsteine geschliffen werden, und der Kugeldiorit ein Tiefengestein, das reich an Einschlüssen ist – weltweit äußerst selten.

Die Entdeckung zog einen regelrechten Raubbau nach sich, bis die Stadtgemeinde 1973 die alleinigen Gewinnungs- und Verwertungsrechte erwarb. Was übrig war, wurde wissenschaftlichen Sammlungen und Bildungsinstitutionen zur Verfügung gestellt. Einen Steinblock behielt man als Erinnerung.

Adresse Hauptplatz, 3920 Groß Gerungs | Anfahrt B 38 bis Groß Gerungs, im Ort abzweigen auf den Hauptplatz, Kugeldiorit am östlichen Ende des Hauptplatzes | Tipp Das alte Rathaus hat eine lange und belebte Geschichte: Als Körnerkasten erbaut, diente es später als Arresthaus, Gemeindeamt und Bücherei. Heute öffnet es seine Pforten für Kulturveranstaltungen.

36_Das Jägerhaus

Schafe und Tudors

Großschönau ist der Energie-Hotspot des Waldviertels. Seit Jahrzehnten findet einmal im Jahr die Bio- und Energiemesse, die den Ort nach und nach zum Wissenszentrum für Nachhaltigkeit und alternative Energieformen machte, statt. Das Ortsbild spiegelt diese Entwicklung in zahlreichen Gebäuden, Themenwegen und Skulpturen wider. Umso ungewöhnlicher ist das im nördlichen Teil gelegene alte Landhaus, das vollkommen aus der Reihe tanzt. »Enterisch«, wie man im Waldviertel sagt, wenn man »unheimlich« meint, wirken die hohen, spitzen Giebel mit den beiden Tierköpfen.

Das Haus stammt aus der zweiten Hälfte des 19. Jahrhunderts. Damals erlebte der Tudorstil, der im ausgehenden Mittelalter in England entstanden und nach dem damaligen Herrscherhaus benannt ist, ein blühendes Revival. Eine ganze Reihe von Tudor-Schlössern in Österreich und Deutschland entstammt dieser Zeit. Dass es der Architekturtrend bis ins Waldviertel schaffte, ist dennoch ungewöhnlich.

Die Großschönauer nennen ihr Tudor-Juwel »Jägerhaus«, weil im Vorgängergebäude die herrschaftlichen Jäger vom nahen Gut Engelstein logierten. Mitte des 17. Jahrhunderts wurde es in eine Schäferei umgewandelt und von einem Schafsmeister bewohnt, ehe es erneut Besitzer wechselte und sein heutiges Erscheinungsbild erhielt. 1916 erwarb Adolf Lewin die Burg Engelstein mit dem dazugehörigen Jägerhaus. Mit der Machtergreifung der Nazis wurde die jüdische Familie enteignet, die Töchter wurden deportiert und ermordet. Im Jägerhaus machte sich die deutsche Ansiedlungsgesellschaft breit. Sie benutzte den Standort für die Aussiedlung der Bewohner jener Dörfer, die dem Truppenübungsplatz Allentsteig weichen mussten.

Vor wenigen Jahren mietete die Gemeinde das historische Gebäude für Kulturaktivitäten. Ein Museum für Einsatzkräfte und lokale Kriminalgeschichte fand darin ebenso Platz wie ein altes Postamt und ein Nostalgie-Kino.

Adresse Großschönau 28, 3922 Großschönau | **Anfahrt** B 119 bis Großschönau, Jägerhaus direkt an der Hauptstraße | **Öffnungszeiten** nach Voranmeldung unter Tel. +43/(0)2815/6252 | **Tipp** Die Sonnenwelt Großschönau thematisiert Energie in all ihren Facetten – vom Urknall über ausgeklügelte Techniken alter Kulturen bis hin zur Energiegewinnung der Zukunft.

37 Die Kunstfabrik

Im Detroit des Waldviertels

Was von der Bandproduktion noch übrig ist, verbirgt sich im obersten Stockwerk: zwei Reihen mit mechanischen Webstühlen. Seit 1907 stehen die riesigen Wunderwerke der Technik in der Halle. Sie stammen aus England, wo die ersten Bandwebstühle einst die treibende Kraft der industriellen Revolution waren. Die hiesigen, bereits fortgeschrittenen Modelle wurden mit einer Dampfmaschine und ab der Mitte des 20. Jahrhunderts mit einem Motor angetrieben.

Die Region um Groß-Siegharts erlebte eine Hochblüte der Textilerzeugung. Der Name Bandlkramerlandl rührt daher, dass Bänder, Wäsche, Kleidung und Stoffe bis Wien und weiter gehandelt wurden. Die Bandlkramer ließen in einem Verlagssystem von Kleinbauern und Hausbesitzern, die sie mit Webstühlen und Rohstoffen ausstatteten, produzieren und regelten danach den Warenvertrieb. Im 19. Jahrhundert entwickelte sich die Textilproduktion weg von den hauseigenen Webereien hin zu einem Industriezweig. Die Gemeinde zählte sieben Fabriken und wurde zum Herz der Textilregion. In der zweiten Hälfte des 20. Jahrhunderts mussten sie alle zusperren.

In der großen Halle klappern die Bandmühlen seit 20 Jahren nicht mehr. Auf den Stoffen, die noch zwischen den hölzernen Armen hängen, und den Keilriemen hat sich eine dicke Staubschicht angesammelt. Tristesse kommt trotzdem keine auf. Anstelle der Industrie floriert jetzt die Kunst.

Der Künstler Günther Gross kaufte den straßenseitigen Teil der ehemaligen Bandweberei Wagner im Jahr 2008 und machte daraus die Kunstfabrik mit regelmäßigem Ausstellungsbetrieb. Ein Raum ist Soundinstallationen gewidmet, ein anderer der ganz jungen Kunst. Im Erdgeschoss gibt es etablierte Positionen zu sehen. Für Kunstschaffende sind die Räume mit Industrieflair und ihrer textilen Geschichte eine Quelle der Inspiration. Einer der alten Bandwebstühle wurde im Rahmen einer Performance sogar weiß lackiert.

Adresse Karlsteiner Straße 4, 3812 Groß-Siegharts | Anfahrt L 55 oder L 60 bis Groß-Siegharts, von der Bahnhofstraße auf die Karlsteiner Straße abzweigen | Öffnungszeiten Mi – So 13 – 18 Uhr während laufender Ausstellungen | Tipp Das Waldbad am Ortsrand von Groß-Siegharts hat schöne Liegewiesen, alte Bäume und einen langen Sandstrand zu bieten.

38_Der letzte Teppichsticker

Rettung für bedrohtes Handwerk

Überall Teppiche. Riesengroß, fuzziklein, bunt, einfärbig, mit klassischen Ornamenten und realistischen Motiven kleiden sie Boden und Wände im alten Rittersaal des Schlosses aus. Wer würde es für möglich halten, dass sie alle in den zwei Werkstatträumen nebenan in Tausenden Stunden Handarbeit entstanden sind?

Zuerst muss man sich für ein Motiv entscheiden. Das wird auf ein Stück Grundgewebe übertragen, dann geht es los: tack-tack-tack. Leise und präzise ist die alte Maschine. Mit ihr wird jede Sticknoppe – vorsichtig von der Hand geführt – auf den Stoff appliziert. Für einen Quadratmeter Teppich braucht es 170.000 Stiche, vier Kilo Schurwolle, viel Fingerspitzengefühl und an die 50 Stunden Arbeit.

Mit Maschinen dieser Art wurde um die Jahrhundertwende der »deutsche Perser« produziert, damals der letzte Schrei. In den 1920er Jahren stellte die Groß-Sieghartser Teppichfabrik auf die damals revolutionäre Technik um und ließ Hunderte Arbeiter, nur unterbrochen durch die Kriegszeit, ihre Teppiche damit herstellen. 1988 war plötzlich Schluss. Die Arbeiter verloren ihre Jobs, und die meisten Maschinen wurden verkauft. Was übrig blieb, warf man auf einen Haufen. Das wurmte den gelernten Weber Rudolf Friedrich. Er kaufte die Überbleibsel und flickte mit Hilfe eines versierten Freundes ein paar alte Maschinen wieder zusammen. Um sie zu reaktivieren, fehlte noch Schurwolle. Die war leider nur in größerer Menge erhältlich. Nachdem ein Lastwagen 300 teure Kilo vor Friedrichs Haus abgeladen hatte, realisierte dieser, dass die Wolle auch auf die passenden Spulen musste. Die Maschine dafür fand er im Textilmuseum. Endlich war alles zur Stelle, und eine Stickerin, die das Handwerk noch beherrschte, nahm die Arbeit auf.

Sechs Jahre nachdem die Fabrik zugesperrt hatte, konnte Friedrich seine ersten Teppichkreationen präsentieren. Er hat das Handwerk vor dem Aussterben gerettet.

Adresse Schloßplatz 1, 3812 Groß-Siegharts | **Anfahrt** L 55 oder L 60 bis Groß-Siegharts, Teppichstickerei im Schloss | **Öffnungszeiten** Mo – Fr 8 – 12 Uhr | **Tipp** Im Lebenden Textilmuseum Groß-Siegharts gewinnen Sie Einblicke in das Alltagsleben der Menschen im Bandlkramerlandl.

39_Die Brücke über die Thaya

Symbol der Versöhnung

Zu beiden Seiten ist die Natur üppig. Dichter Wald und grüne Wiesen säumen das Ufer. Auf einer Seite ist die Brücke in Hardegg verankert, auf der anderen in Čížov in der Tschechischen Republik. Wo genau die Grenze verläuft, fällt spitzfindigen Beobachtern daran auf, dass die unterschiedlichen Farbtöne, in denen die jeweilige Seite lackiert ist, aufeinandertreffen.

Im 19. Jahrhundert gab es dort noch keine Grenze. Die Menschen diesseits und jenseits der Thaya waren miteinander verbunden. Man arbeitete oft auf der anderen Seite, pflegte familiäre Beziehungen oder ging auf Sommerfrische. Auch nach Znaim war es nur ein Katzensprung. Mit der Gründung der Tschechoslowakei wurde die Thaya plötzlich zum Grenzfluss. Die Brücke blieb vorerst ein wichtiges Bindeglied. Damit war es vorbei, als der Eiserne Vorhang zugezogen wurde. Die Bodenplanken wurden entfernt, und das nackte Brückengerüst blieb als trauriges Symbol der Trennung. Auf der tschechischen Seite verloren viele Menschen ihr Zuhause durch Umsiedelungen und die Bauern ihren Grund, der verstaatlicht wurde. Wer die Flucht über die Thaya versuchte, kam oft nicht mit dem Leben davon. Auf der österreichischen Seite regten sich Angst und Misstrauen. Niemand wagte sich zu nahe an den Fluss. Die Hoffnungen des Prager Frühlings 1968 waren bald wieder zerschlagen.

Als 1989 der Eiserne Vorhang endlich fiel, balancierten die Menschen über das nackte Brückengerüst. Wenig später verlegte man frische Lärchenpfosten, und die Brücke wurde feierlich wiedereröffnet. Ein Moment, der manche Einheimische noch heute zu Tränen rührt. Langsam begann die Region wieder zusammenzuwachsen. In Hardegg und Umgebung setzt man auf Gäste aus dem Nachbarland. Die Nationalparks zu beiden Seiten kooperieren eng miteinander. In der Hardegger Volksschule können die Kinder die tschechische Sprache erlernen und somit die alten Gräben überwinden.

Adresse 2082 Hardegg | Anfahrt L 1044 bis Hardegg, in der scharfen Kurve die Abzweigung nach Hardegg Stadt nehmen und dem Straßenverlauf folgen bis zum alten Zollhaus | Tipp Ein Ausflug über die Grenze lohnt sich: Das Schloss Frain mit seinem monumentalen Ahnensaal von Fischer von Erlach bietet einen einzigartigen Ausblick in die umliegende Landschaft.

40_Das Kreuz der Novara

Ein Schiff wird zum Schicksalsbegleiter

Das massive Kreuz am Abgang zur Gruft war bei einigen der abenteuerlichsten Episoden der österreichischen Geschichte mit dabei. Fürst Johann Carl Khevenhüller ließ es aus dem Holz der Fregatte Novara fertigen.

Wenige Jahre nachdem es 1850 vom Stapel gelaufen war, umsegelte das Schiff mit einer wissenschaftlichen Expedition den Globus. Die Initiative dafür kam von Erzherzog Ferdinand Maximilian, dem Oberbefehlshaber der Marine und Erbauer des Schlosses Miramare in Triest. Der vielseitige Bruder des österreichischen Kaisers ließ sich von Napoleon III. überreden, in Mexiko den Kaiserthron zu besteigen. Frankreich lag mit Mexiko im Clinch und hatte bereits Truppen entsandt. Dass in dem mittelamerikanischen Land ein harscher Gegenwind herrschte, wollte der Erzherzog nicht wahrhaben und reiste 1864 mit der Kaiserkrone dorthin.

In Österreich wurde ein Freiwilligenkorps zur Unterstützung Maximilians zusammengestellt. Dem charismatischen jungen Rittmeister Johann Carl Khevenhüller bot dies die Gelegenheit, seinen Schulden zu entfliehen. In Mexiko angekommen, entwickelte er sich zu einem Vertrauten des Kaisers und baute ein Reiterregiment zu dessen Schutz auf. Die Fregatte Novara war in der Zwischenzeit wieder in Europa und an der siegreichen Seeschlacht von Lissa beteiligt. Maximilians Glück aber schien zu enden. Die Gegenregierung unter Benito Juarez erkämpfte das Land zurück. Unter den neuen politischen Vorzeichen ließ Napoleon die Unterstützung versiegen. Maximilian wurde zum Tode verurteilt.

Khevenhüller hatte trotz Gegnerschaft den Respekt des mexikanischen Generals Porfirio Diaz erworben und erhielt freies Geleit. Er brachte Maximilians Leichnam auf der Novara nach Hause und richtete ihm in der Burg Hardegg einen Gedenkort ein. Später stellte er die diplomatischen Beziehungen zu Mexiko wieder her. Sein Freund Porfirio Diaz war inzwischen Präsident geworden.

Adresse Burg Hardegg, Hardegg Stadt 38, 2082 Hardegg | **Anfahrt** L 1044 bis Hardegg, Parkplatz kurz vor der 180-Grad-Kurve, von welcher der Gehweg zur Burg abzweigt | **Öffnungszeiten** April Sa, So und Feiertage 10–17 Uhr, Mai–Juni täglich 10–17 Uhr, Juli–Aug. täglich 10–18 Uhr, Sept. täglich 10–17 Uhr, Okt. Sa, So und Feiertage 10–17 Uhr | **Tipp** Machen Sie auf dem Rastplatz knapp oberhalb des Besucherparkplatzes ein Picknick mit Blick auf die imposante Burg.

41 Bertha von Suttners Büro

Schreiben für den Frieden

Wenn Bertha von Suttner ihre Augen vom Manuskript hob, dann sah sie hinaus auf die Veranda, die Sandsteinvasen und den weitläufigen Schlosspark. Neben ihr saß ihr Mann Arthur und schrieb ebenfalls. Er nannte sie liebevoll »Prankentier«, sie ihn »Fürchter«. Die beiden hatten eine Geheimsprache und konnten maßlos miteinander blödeln.

Auf das Schloss, in dem sie später »Die Waffen nieder!« schreiben sollte, war die Gräfin zunächst als Gouvernante gekommen. Sie unterrichtete die Suttner-Töchter und führte im Schüttkasten mit ihnen Shakespeare auf. Als klar wurde, dass Bertha und der jüngste Sohn Arthur sich ineinander verliebt hatten, wurde sie nach Paris geschickt. Dort arbeitete sie kurz für Alfred Nobel, dem sie zeitlebens verbunden blieb und den sie stets aufforderte, sein Vermögen in den Frieden zu investieren. Im Geheimen heiratete sie Arthur und floh mit ihm für acht Jahre nach Georgien. Sie kehrten als erfolgreiche Journalisten zurück, söhnten sich mit der Familie aus und zogen nach Harmannsdorf.

Bertha, begeistert von der internationalen Friedensbewegung, machte den Pazifismus zu ihrem Lebensthema. Die Überzeugungen des Paares standen nicht nur im Gegensatz zur Kriegsbegeisterung der Bevölkerung, sondern auch zur militaristischen Gesinnung der Familie von Suttner. Nachdem »Die Waffen nieder!« erschienen war, erlangte Bertha Weltruhm. Von Harmannsdorf aus korrespondierte sie mit Staatschefs und Friedenskämpfern. In der Zwischenzeit waren ihre Schwiegereltern in wirtschaftliche Turbulenzen geraten. Das Schloss ging nach Arthurs Tod verloren, und Bertha zog nach Wien. 1905 erhielt sie den Friedensnobelpreis.

Als die Kärntner Familie Glawischnig in den 1970er Jahren das Schloss erwarb, waren nur wenige Spuren der bedeutenden Bewohnerin zu finden. Langsam wurde die Erinnerung wieder zurückgeholt und der »Internationale Bertha von Suttner Verein« gegründet.

Adresse Harmannsdorf 6, 3713 Harmannsdorf | **Anfahrt** B 4 bis Harmannsdorf, rechts abzweigen auf die Straße Harmannsdorf und gleich wieder rechts | **Öffnungszeiten** von außen zu besichtigen, Gruppenführungen am Wochenende nach Voranmeldung unter Tel. +43/(0)2984/8231 | **Tipp** In der Amethyst Welt Maissau dreht sich alles um das violette Mineral, das dem Namen nach »dem Rausche entgegenwirkt«. Im Amethyst-Schaustollen sehen Sie einen Teil der größten freigelegten Amethyst-Ader der Welt.

42 Der Johannesberg

X-Akten des Waldviertels

Die Wahrheit ist irgendwo da draußen – auf einem Berg mit grandiosem Ausblick. Zahllose Rätsel gibt der Johannesberg auf, von dem es heißt, er sei schon seit Urzeiten ein Sonnenkultplatz und hätte sogar Einfluss auf das Wetter.

Zunächst aber zu den historischen Fakten: Der Name des Ortes Harmannstein am Fuß des Berges deutet auf eine historische Persönlichkeit hin, die eng mit dessen Geschichte verbunden ist. Der politisch geschickte Hadmar II. von Kuenring ließ im 12. Jahrhundert eine Burg auf dem schmalen Plateau errichten, die Hadmarstein genannt wurde. Er war offenbar nicht der Erste, der sich die strategisch günstige Lage zunutze machte. Eine befestigte Wallanlage dürfte davor schon existiert haben.

Nachdem sich das nahe Weitra Anfang des 13. Jahrhunderts zu einem Knotenpunkt für die Kuenringer entwickelte, verlor Hadmarstein an Bedeutung. Das Grundstück wurde den Zwettler Mönchen übergeben, die auf den Burgruinen eine Kirche errichteten und sie Johannes dem Täufer weihten.

Zu dessen Festtag, am 24. Juni, findet jedes Jahr ein Kirtag auf dem Johannesberg statt. Alle hundert Jahre, so die Legende, öffnet sich in dieser Nacht eine unsichtbare Tür im Berg. Dahinter führt ein hell erleuchteter Gang zu den Schätzen der Kuenringer. Denn tief unter der Kirche verborgen sollen sich noch immer die Gewölbe der alten Burg befinden, von denen ein weitverzweigtes Gangsystem im Norden nach Weitra und im Südosten bis Rosenau führt.

Das seltsamste Rätsel des Berges findet sich in der Kirche. Auf dem spätgotischen Fresko im Altarraum wird der heilige Christophorus von einem Skorpion bedroht. Damit nicht genug: Daneben ist das himmlische Jerusalem zu sehen. Zwischen hohen Türmen stehen vier fliegende Scheiben am Himmel, in denen so manche Betrachter unbekannte Flugobjekte zu sehen meinen. Hatten die Menschen im 15. Jahrhundert etwa schon Begegnungen mit Außerirdischen?

Adresse 3922 Harmannstein | **Anfahrt** B 119 bis Großschönau, L 8307 bis Harmannstein, beim Bauernhof der Familie Zeilinger (Harmannstein Nummer 9) startet der Fußweg zum Johannesberg | **Öffnungszeiten** Der Kirchenschlüssel ist bei Familie Zeilinger erhältlich, telefonische Voranmeldung unter Tel. 02815/6398. | **Tipp** Die Firma Zimmermann in Walterschlag produziert außergewöhnliche Nudelkreationen: von Mohnbandnudeln über Zitronenspaghetti bis zu Nougathütchen. Eine Führung durch den Betrieb mit anschließender Verkostung in der Nudelstub'n lohnt sich!

43 Der entzweite Wackelstein

Eine Sage wird um ein Kapitel erweitert

Stellen Sie sich vor, Sie gehen im Wald spazieren, kommen an einem sogenannten Wackelstein vorbei und stemmen sich dagegen. Obwohl Sie kein Obelix sind, schaffen Sie es, den Stein zu bewegen. Zu verdanken ist dies der Verwitterung, die in seltenen Fällen einen größeren Felsen übrig lässt, der auf dem darunterliegenden balanciert. Wenige Augenblicke später kippt der Steingigant von seinem jahrtausendealten Sockel und birst mit lautem Krach in zwei Teile. Klingt unrealistisch? Genau so ist es einem Mann vor den Augen seiner Familie im Oktober 2011 geschehen. Und entzwei war der 24 Tonnen schwere Wackelstein von Harruck.

Nach diesem Vorfall müsste die Sage, die sich um den Stein rankt, umgeschrieben werden. Es heißt, vor vielen Jahren habe eine Müllersfamilie in der Nähe gelebt. Nachdem die Mutter bei der Geburt von Zwillingen gestorben war, erzog der Müller die beiden Söhne allein zu fleißigen Arbeitern. Während die Zeit verging, grub sich der Bach oberhalb der Mühle immer tiefer in sein Bett, sodass die Hänge zu rutschen begannen und große Steine das Wasser stauten. Das Mühlrad kam zum Stillstand, die Zwillinge wurden arbeitslos, und der Vater starb. Als den Bauern allmählich das Mehl ausging, beschlossen sie, den Zwillingen zu helfen. Unter lauten »Horuck«-Rufen hoben sie die Steine aus dem Bach und trugen sie weg. Nur ein Stein ließ sich partout nicht heben, und das, obwohl er auf einem anderen Stein stand und noch dazu wackelte. Die Müllersburschen baten die Bauern, diesen einen Stein liegen zu lassen, weil ein höheres Wesen das wahrscheinlich so wünsche. Die Mühle ging wieder in Betrieb, und aus der »Horuck-Aktion« wurde der Ortsname Harruck.

Im Jahr 2003 wurde oberhalb des damals noch intakten Wackelsteins eine Metallskulptur des Künstlers Matthias Mollner angebracht, die einen Schutzgeist darstellt. Als der Stein herabstürzte, kam niemand dabei zu Schaden.

Adresse Pierbichlwald, 3920 Harruck | **Anfahrt** B 38 bis Harruck bei Groß Gerungs, abzweigen in Richtung Harruck-Kehrbach, links auf die L 7300, links halten bis zum Parkplatz zur Klauskapelle, circa 400 Meter zu Fuß dem Weg folgen | **Tipp** Wie eine Müllersfamilie einst lebte und arbeitete, können Sie in der 600 Jahre alten Hypolzmühle bei Groß Gerungs nachempfinden.

44 Die Seitan-Speisekarte

Gutes Essen verlängert das Leben

»Der Mensch ist, was er isst«, formulierte Ludwig Feuerbach. Nicht nur als fundamentalen Wesenszug unserer Existenz, wie es der deutsche Philosoph sah, sondern als Schlüssel zu Glück, Gesundheit und langem Leben betrachtet die Makrobiotik das Essen, vorausgesetzt man ernährt sich ausgewogen. Angesichts der tierischen Massenproduktion und Antibiotika in Futtermitteln ist vor allem die Frage nach dem Was entscheidend geworden.

In Japan und China werden seit Jahrtausenden Lebensmittel aus gekochtem Weizeneiweiß hergestellt, die von den vegetarisch lebenden buddhistischen Mönchen als Fleischersatz genutzt werden. Georges Ohsawa, der die Makrobiotik auf der Grundlage östlicher Wissenstraditionen neu erfand, entwickelte daraus den Seitan.

Im Burgstüberl ist dem pflanzlichen Eiweißprodukt neben den klassischen Gerichten eine eigene Speisekarte gewidmet. Eine ganze Reihe typisch österreichischer Gerichte lassen sich dort fleischfrei genießen. Es gibt Seitan geschnetzelt, gegrillt, mit Pfeffersauce oder als Schnitzel.

Zu verdanken ist dies Edmund Reininger. Mit der Makrobiotik kam er als junger Koch in Berührung, was ihn in die USA führte, wo er 1989 mit der Seitanproduktion begann. Nach fünf Jahren unter der Sonne Kaliforniens wählte er das nördliche Waldviertel, wo ihn raue Natur und Ursprünglichkeit überzeugten, als Lebensmittelpunkt. In Österreich, wo Seitan kaum bekannt war, musste Reininger Aufklärungsarbeit leisten, um sein Produkt unter die Leute bringen zu können. Er erklärte, wie er die gesunde Alternative zu Fleisch mit ihrem wärmenden Charakter aus dem Waldviertler Weizen gewinnt. Aus einer Masse aus Mehl und Wasser wird die Stärke allmählich herausgespült. Das Weizeneiweiß wird in einem Fond aus Wasser, Sojasoße und Gewürzen gekocht. Mittlerweile ist Reiningers Seitan ein Klassiker, der bereits auf dem Mittagstisch des Dalai Lama kredenzt wurde.

Adresse Burgstüberl, Waidhofener Straße 1, 3860 Heidenreichstein | **Anfahrt** B 2 bis Schrems, L 30 bis Heidenreichstein, im Kreisverkehr rechts abbiegen auf die Waidhofener Straße | **Öffnungszeiten** Di–So 10–22 Uhr, Juli–Aug. Mo–So 10–22 Uhr | **Tipp** Die gegenüberliegende efeubewachsene Wasserburg ist über zwei Zugbrücken erreichbar und kann im Rahmen einer Führung besichtigt werden.

45 Das Wartehäuschen

Die Landschaft und die Ewigkeit

Das Warten ist eine unterschätzte Größe, obwohl wir fast täglich damit konfrontiert sind. Wir warten ungeduldig auf das Essen im Restaurant oder auf verspätete Freunde. Uns fällt Kafka ein, wenn wir stundenlang in Ämtern ausharren. Gelegentlich fiebern wir Prüfungsergebnissen entgegen. Auf Weihnachten freuen sich viele schon im Sommer, und wenn ein neuer Mensch sich ankündigt, dann heißt es: neun Monate auf ihn warten. Die Lebenszeit ist begrenzt, dennoch müssen wir sie mit Warten verbringen, und sei es nur auf den Bus. Der fährt von der Haltestelle Pemperreith aus ein paar Mal am Tag in Richtung Pöggstall und Zwettl oder hinunter nach Ybbs an der Donau oder Amstetten.

In der Einsamkeit vor einer scharfen Kurve steht das Wartehäuschen am Rande einer weitläufigen Wiese, die sich den Hügel hinunterzieht, daneben eine alte Bank. Wer sich daraufsetzt, schaut auf die Straße, dabei lohnt sich der rückwärtige Blick viel mehr. Dort sieht man in das grüne, hügelig gewölbte Umland. Unterhalb im Tal fließt die Donau, und bis weit in die Ferne eröffnet sich das Panorama des Voralpenlandes. Bei klarer Sicht ist der fast 2.000 Meter hohe Ötscher zum Greifen nah. Nur ein Bauernhof liegt ein Stück oberhalb des Wartehäuschens. Ansonsten scheint es in Pemperreith nicht viel zu geben. Wer hier wartet, darf sich ganz unbeobachtet fühlen.

Das Warten begreifen die Soziologen als Alltagsphänomen. Zeit definieren die Menschen völlig unterschiedlich. Was für den einen eine Ewigkeit, bedeutet für den anderen gerade einmal eine Verschnaufpause. Viele haben das Warten verlernt, weil es genug Möglichkeiten gibt, sich abzulenken. In Pemperreith ist das Warten eine stille Attraktion, wenn man den Blick über die Landschaft schweifen lässt und zur Ruhe kommt. In dem Sinne ist es fast ein Glücksfall, dass akkurat an diesem Fleckchen Erde die Mobilnetze nicht immer optimal funktionieren.

Adresse Pemperreith, 3683 Hofamt Priel | **Anfahrt** der B 36 von Hofamt Priel nach Norden folgen, Wartehäuschen nach etwa 8 Kilometern auf der linken Seite kurz vor Pemperreith | **Tipp** Die malerische Ysperklamm mit ihren tosenden Wasserfällen und einem herrlichen Blick ins Yspertal besuchte einst schon Kaiser Franz Joseph I.

46 Das alte Feuerwehrhaus

Wohngemeinschaft mit Fabrikdirektor

Was haben das königliche Schloss Amalienborg in Kopenhagen, die Wiener Hofburg und die Suntory Music Hall in Tokio gemein? Sie alle sind mit Stoffen der Firma Backhausen ausgestattet. Das Traditionsunternehmen produziert seit Anfang des 19. Jahrhunderts hochwertige Stoffe und verfügt über ein museales Musterarchiv, von dem Konkurrenten nur träumen können. Am bekanntesten sind die Entwürfe der Jugendstil-Künstler Koloman Moser, Josef Hoffmann und Otto Wagner. Mit der Wiener Werkstätte arbeitete der ehemalige k. u. k. Hoflieferant eng zusammen.

Die Produktion in den 1870er Jahren in Hoheneich anzusiedeln hatte den Vorteil, über die damals gerade eröffnete Kaiser-Franz-Josephs-Bahn direkt mit Wien und Prag verbunden zu sein. Oberhalb der Produktionsstätten, die sich direkt am Braunaubach befinden, entstand die Kolonie Backhausen mit Wohnhäusern für Arbeiter und Angestellte und einer betrieblichen Infrastruktur.

Von der Zufahrt auf das Gelände aus ist in der Ferne ein ockerfarbenes Haus am Waldrand zu erkennen. Man möchte meinen, das Gebäude mit Windfang und Vordach sei eine alte Villa. Erst in der scharfen Abwärtskurve entfaltet es sein volles Erscheinungsbild, und das untere, in den Hang gebaute Stockwerk und sein eigentlicher Zweck werden sichtbar. Über den drei hohen Einfahrtstoren steht »Fabriks Feuerwehr Gerätehaus«. Dahinter verbargen sich die Löschfahrzeuge. Der angebaute Turm im Fachwerkstil ergänzt die schlichte Fassade. In seinem Inneren hängten die Feuerwehrleute die benutzten Schläuche zum Trocknen auf. Der unternehmenseigenen Berufsfeuerwehr war das untere Stockwerk vorbehalten. Im villenhaften Obergeschoss wohnte der Fabrikdirektor.

In der imposanten Stoffweberei unterhalb werden immer noch auf mehreren Ebenen Möbel- und Vorhangstoffe für Kunden aus aller Welt produziert. Das denkmalgeschützte Feuerwehrhaus steht heute leer.

Adresse Kolonie Backhausen 135, 3945 Hoheneich | Anfahrt bei Hoheneich rechts abzweigen auf die Straße Kolonie Backhausen | Tipp Die nahe gelegene Blockheide ist eine Heidelandschaft mit bizarr geformten Granitblöcken und Wackelsteinen, die zum Wandern einlädt.

47_Der Granit Whisky

Torfrauch und Sherryfässer

Beim Betreten der kleinen Destillerie wird man von Gerüchen regelrecht überfallen. Sei es der herbe Duft von Gebranntem, der betörende von Likör oder der süße nach frischen Früchten. All das schreit danach, gekostet zu werden.

Obst hat Günther Mayer sein Leben lang fasziniert. Als Haustechniker betreut er ein Pflegeheim in Raabs, das einmal einen Garten mit 80 Obstbäumen hatte. Die warfen so viel ab, dass man das überschüssige Obst in die Thaya warf. Weil ihn das störte, begann er, mit den Pflegeheim-Insassen die Früchte zu ernten und zu verwerten. Da lag es nahe, zu Hause weiter zu experimentieren und das Obst in Hochprozentiges zu verwandeln. Mayer kreierte über die Jahre mehr als 100 verschiedene Schnäpse und Liköre. Im nächsten Schritt wagte er sich an die internationale Königsdisziplin und kreierte seinen eigenen Whisky. Für den Brennmeister war von Anfang an klar, dass es »etwas Rauchiges« sein musste wie in Schottland. In Erinnerung an seinen Vater, der in einem der für die Region so typischen Steinbrüche arbeitete, kreierte Mayer den Granit Whisky.

Es heißt, bei den schottischen Whiskys sei jede einzelne Zutat von immenser Bedeutung. Ähnlich verhält es sich mit den Ingredienzien des Granit Whiskys. Das Wasser stammt natürlich aus dem Waldviertel. Das Getreide wurde in der Region geerntet, in erster Linie Gerste, aber auch Dinkel, Mais und Roggen.

Die Zauberzutat ist der Rauch. Günther Mayer erinnerte sich, dass auf den umliegenden Wiesen Torf gestochen wurde. Also rückte er selbst mit dem Spaten aus, holte sich Torfsoden und darrte damit im Räucherofen eines Verwandten das Gerstenmalz. Das Wichtigste kommt nach dem Brennen. Wird der Whisky im richtigen Fass gelagert, reift der gewünschte Geschmack. In Günther Mayers Keller sind sie alle zu finden, vom Sherryfass über das Manhartsberger Eichenfass bis zu Rum- und Rotweinfässern.

Adresse Hollenbach 117, 3830 Hollenbach | **Anfahrt** B 5 bis Waidhofen an der Thaya, L 59 bis Hollenbach, am Ortsende rechts auf die L 8121 und dann gleich links abbiegen | **Öffnungszeiten** nach Voranmeldung unter Tel. +43/(0)664/4324003 | **Tipp** Auf dem Gudenusfeld bei Waidhofen kommt ein Gefühl von Stonehenge auf. 97 Dioritfindlinge formen den Grundriss einer »Großen Basilika«.

48_Die Vogelweide

Walter findet Walther aus Walthers

»Leut und Land – wo ich von Kind auf bin erzogen, die sind mir fremd geworden – als wäre es gelogen«, dichtete Walther von der Vogelweide in seiner Alterselegie. Unwahrscheinlich ist es nicht, dass er damit die Enttäuschungen über den Niedergang des Dorfes seiner Kindheit im Waldviertel beschrieb. Ob der Minnesänger, der schon zu seinen Lebzeiten im 12. und 13. Jahrhundert eine Legende war, dort wirklich geboren wurde, ist alles andere als sicher.

Die Suche nach seiner Herkunft ist so etwas wie ein endloser Gelehrtenstreit, in dem vermeintliche Geburtsorte in Südtirol, Deutschland, der Schweiz, der Tschechischen Republik und Österreich miteinander konkurrieren. Um eine gewichtige Episode erweiterte ihn der Forscher Walter Klomfar. Mitte der 1980er Jahre studierte er im Archiv des Stiftes Zwettl eine alte Karte des Dorfes Walthers. Groß war die Überraschung, als er neben dem Dorf eine fast sechs Quadratkilometer große Vogelweide eingezeichnet sah. Auf derartigen Flächen wurden Greifvögel gefangen und für die Jagd abgerichtet.

Das Dorf, so Klomfars Theorie, hat Walthers gleichnamiger Vater angelegt und sich selbst nach der angrenzenden Vogelweide benannt. Durch die guten Beziehungen der Kuenringer zu den Landesfürsten ist Walther schließlich an den Wiener Hof gekommen, wo er lange blieb, ehe er seine Reisen begann. Neben seinen Dichtungen ist von Walther nur eine einzige urkundliche Spur vorhanden: die Rechnung für einen Mantel, den ihm der Passauer Bischof im niederösterreichischen Zeiselmauer schenkte.

Nach seiner Wiederentdeckung hat das zwischen Wäldern und Truppenübungsplatz liegende Fleckchen einen festen Platz in der Walther-Forschung eingenommen. Damit das auch so bleibt, wurde es 1991 mit einem Gedenkstein markiert, auf dem das Walther-Zitat »In Österreich lernte ich singen und sagen« steht. Daneben wurde einer der beiden Dorfbrunnen wieder aufgebaut.

Adresse 3910 Hörmanns | **Anfahrt** L 67 bis Germanns, weiter nach Hörmanns, am Ortsende bei der Beschilderung rechts abbiegen, die dritte Abzweigung rechts, danach die zweite Abzweigung rechts | **Tipp** Im ehemaligen Wasserturm des Bahnhofs Schwarzenau befindet sich ein Eisenbahnmuseum, in dem Exponate aus vergangenen Jahren des Schienenverkehrs zu sehen sind.

49_Die Boutique Antoinette

Passion for Fashion

Die alten Lampen an der Decke stammen vom Vorbesitzer, der ein Antiquariat betrieben hat. Sie tauchen den Raum in ein warmes Licht. Dass es hier gemütlich wie bei Oma ist, kommt daher, dass Anita Nagler ihre Boutique mit den Möbeln ihrer Großmutter und einigen historischen Raffinessen eingerichtet hat. Mode und große Frauenpersönlichkeiten der Geschichte faszinieren die gebürtige Salzburgerin, die sich mit ihrer eigenen Boutique einen Traum erfüllt hat.

Die Namensgeberin ist schnell gefunden. Gleich hinter dem Ladentisch hängt ein Porträt von Marie Antoinette, die zur französischen Königin und Galionsfigur barocken Lebensstils aufstieg. Sie ist nicht die einzige französische Dame im Raum. Coco Chanel wacht über den metallenen Ständern, an denen handverlesene, aktuelle Mode aus Frankreich und Italien hängt. Weil die Welt klein ist, gibt es jedes Kleidungsstück nur einmal.

Eigentlich kommt man zum Einkaufen in eine Boutique. Plaudern mit der freundlichen Besitzerin ist hier aber wärmstens zu empfehlen. Anita Nagler kennt sich nicht nur mit aktueller Mode aus, sie weiß auch äußerst lebendig von den Schmink- und Fashiontricks der Vergangenheit zu erzählen. Etwa, dass adelige Damen ihren Teint mit giftigem Bleiweiß aufhellten und ihnen deswegen die Augenbrauen ausfielen. Da half ein schickes Mäusefelltoupet. Warum sagt man eigentlich, kalter Kaffee mache schön? In der Barockzeit wurden Lippenstifte auf Wachsbasis hergestellt, und der Genuss einer heißen Tasse Kaffee holte rasch die Farbe aus dem Gesicht. Anita Nagler weiß von Hochsteckfrisuren zu erzählen, die so aufwendig waren, dass man tagelang im Sitzen schlafen musste und zur Festigung gelegentlich in ein Fässchen mit Schweineschmalz griff. Richtig ins Schwärmen gerät sie, wenn es um die kunstvoll gestalteten bunten Roben aus der Barockzeit geht. Beim Boutiquebesuch ist eine Zeitreise inbegriffen.

Adresse Hauptplatz 12, 3580 Horn | **Anfahrt** B 4 bis Horn, abzweigen auf die Wiener Straße, am Hauptplatz parken | **Öffnungszeiten** Mo 12–18 Uhr, Di–Fr 9–13 und 14–18 Uhr | **Tipp** Ein neues Outfit will gleich ausgeführt werden, zum Beispiel bei einem romantischen Candle-Light-Dinner im Öhlknechthof.

50 Das ehemalige Gymnasium

Schuljahre eines Indologen von Weltrang

Es gibt Menschen, die tragen mit ihrem brillanten Geist zur friedlichen Verständigung in der Welt bei. Ein solcher war der Indologe Moriz Winternitz, dessen Spuren sich ins alte Piaristengymnasium zurückverfolgen lassen, wo er einen Teil seiner humanistischen Ausbildung erfuhr.

Mit neun Jahren war Winternitz, der aus einer armen Familie stammte, der jüngste Schüler im Gymnasium. Sprachen lagen ihm mehr als Mathematik. Latein und Griechisch standen auf dem Lehrplan. Hebräisch brachte ihm der Vater bei. An der Universität Wien entdeckte er das altindische Sanskrit, das ihm dabei half, sich in die indische Geistesgeschichte zu vertiefen. Seine akademische Karriere führte ihn zunächst nach Oxford und schließlich nach Prag, wo er an der Deutschen Universität als Professor lehrte und mehr als 450 Arbeiten publizierte. Seine dreibändige »Geschichte der indischen Literatur« gilt bis heute als wissenschaftliches Standardwerk. Zu Winternitz' Freunden zählten Albert Einstein und der indische Literaturnobelpreisträger Rabindranath Tagore, der ihn als Gastprofessor an die Universität Shantiniketan nach Indien holte. Die beiden Männer verband nicht nur ihr Schicksal, in schwierigen politischen Situationen aufgewachsen zu sein – Winternitz als Jude in Zeiten des wachsenden Antisemitismus und Tagore im britischen Kolonialsystem Indiens –, sondern vor allem der Glaube an universellen Humanismus und die Notwendigkeit des Dialogs zwischen Ost und West. Acht Jahrzehnte nach seinem Tod ist sein Werk noch aktuell: Eines von Winternitz' Büchern über Tagore wurde erst vor Kurzem ins Englische übersetzt.

Aus dem Piaristengymnasium ist ein Kulturzentrum geworden, in dem Musik, Literatur, Kunst und Bildung ihren Platz haben. Die schönen Arkaden im Innenhof waren zu Winternitz' Schulzeit nicht sichtbar, da sie im 16. Jahrhundert zugemauert und erst kürzlich wieder geöffnet wurden.

Adresse Kunsthaus Horn, Wiener Straße 2, 3580 Horn | **Anfahrt** B 4 bis Horn, abzweigen auf die Wiener Straße | **Öffnungszeiten** Mo–Fr 8–12 und 13–15.30 Uhr | **Tipp** Die Prager Straße 4 war die erste bekannte Wohnadresse der Familie Winternitz in Horn. Dort können Sie heute im Café Christin einkehren.

51 Die Tuchmachersiedlung

Erste Industriesiedlung Österreichs

Vom Raabser Tor stadtauswärts führt die Straße durch zwei Häuserzeilen, an deren Ende eine Kapelle steht. Die Häuser wirken nicht sehr einheitlich, was an den zahlreichen Umbauten liegt, die im Laufe der Zeit vorgenommen wurden. Als die Siedlung Mitte des 16. Jahrhunderts nach Plan angelegt wurde, glich ein Haus dem nächsten, von der Eingangstür bis zum Giebel.

Stadtherr Graf Ferdinand Sigmund Kurz verfolgte den Plan, der Stadt nach dem Dreißigjährigen Krieg wieder zu wirtschaftlichem Aufschwung zu verhelfen. Das in Horn ansässige Tuchmachergewerbe schien ihm ausbaufähig. Er holte Experten aus Mähren, Schlesien, Bayern und den Niederlanden. Dass die neuen Arbeitskräfte aus katholischen Gegenden kamen, war kein Zufall, denn ein Teil des Kurz'schen Plans war der Gegenreformation in der ehemals protestantischen Hochburg Horn verpflichtet.

Als das Stoffgeschäft anzulaufen begann, ließ der Stadtherr für die Arbeitskräfte eine Siedlung direkt vor den Stadtmauern errichten. Das Spinnen und Weben erledigten die Tuchmacherfamilien in ihren neuen Häusern. In der Stadt wurde die Wolle vorbereitet, danach wurden die Erzeugnisse endgefertigt und vertrieben. Mit der Rationalisierung aller Arbeitsschritte hatten der Graf und seine Stoffproduzenten die erste Manufaktur in der Habsburgermonarchie geschaffen. Wichtigster Abnehmer war die kaiserliche Hofkammer, die aus den Stoffen Uniformen schneidern ließ.

Die Altöttinger Kapelle, die Kurz nach dem Vorbild der Wallfahrtskirche aus seiner bayerischen Heimat hatte gestalten lassen, war das Zentrum des religiösen Lebens in der Siedlung. Damit auch das Profane seinen Platz hatte, gab es eine Taverne, in der Wein und Bier ausgeschenkt wurde. Nach dem Tod des Grafen hatten die Tuchmacher mit Absatzschwierigkeiten zu kämpfen, und das Geschäft ging bergab. Die Tuchmacher blieben aber noch eine Zeit lang eine bedeutende Zunft in Horn.

Adresse Raabser Straße 1–27, 3580 Horn | Anfahrt B 4 bis Horn, beim Kreisverkehr abbiegen auf die Raabser Straße | Öffnungszeiten nur von außen zu besichtigen | Tipp Die beiden steinernen Löwen vor dem Schloss Horn stammen von der abgetragenen Asperner Brücke in Wien. Das zweite Löwenpaar von dort wacht über das Schloss Gobelsburg.

52 Der Überflieger

Als der Traum vom Fliegen wahr wurde

»Er ist's! Der Illner kommt!« Man muss den Blick nach oben richten in der lichtdurchfluteten Halle. Dort hängt das Modell der Etrich IV und wirkt, als setze es gerade zum Landeanflug an. Die echte »Taube« wurde von Igo Etrich, einem Flugzeugtechniker der ersten Stunde, konstruiert. In dem aus Nordböhmen stammenden Schlosser Karl Illner fand er einen kongenialen Chefmonteur und Piloten.

Am 3. Oktober 1910 schrieb die Stadt Wien für den 80 Kilometer langen Überlandflug von Wien nach Horn einen Preis von 20.000 Gulden aus, was heute etwa 200.000 Euro entspricht. Gewinner war, wer die Strecke innerhalb von 24 Stunden hin und retour bewältigen konnte. Illner startete noch am selben Tag in die Lüfte. Vom Nebel erwischt, verirrte er sich und musste in Krems notlanden. Das spielte seinem einzigen Konkurrenten in die Hände. Adolf Warchalowski wollte den Preis mit einem Doppeldecker holen und sich mit Hilfe von Rauchsignalen nach Horn lotsen lassen. Illner ließ ihm keine Zeit und startete am 10. Oktober um 9.14 Uhr den nächsten Anlauf.

Es müssen dramatische Szenen gewesen sein, die sich gegen 10.30 Uhr auf der Wiese im Hopfengarten abgespielt haben. Hunderte Menschen waren von der Arbeit aufgesprungen, aus der Stadt geströmt und richteten ihre Augen in den Himmel. Jemand rief: »Er ist's!«, als die »Taube« am Himmel erschien. Die Horner erlebten ihre erste Flugzeuglandung. Der Traum vom Fliegen war für alle zum Greifen nahe. Beifall und Hurraschreie übertönten sogar den Motor. Den hatte der Automobilkonstrukteur Ferdinand Porsche gebaut, der sich ebenfalls im Publikum befand. Noch am selben Tag trat Illner den Rückflug an und landete sicher in Wien, wo er noch einmal richtig gefeiert wurde.

Der unerschrockene Aviatiker meinte später, die »Taube« sei so gut in der Luft gelegen, dass er sich während des Fluges sogar ein paar Nebenbeschäftigungen habe widmen können.

Adresse Museen der Stadt Horn, Wiener Straße 4, 3580 Horn | Anfahrt B 4 bis Horn, abzweigen auf die Wiener Straße | Öffnungszeiten April–Okt. Di–So 10–17 Uhr | Tipp Für Illner wurde noch zu Lebzeiten ein Denkmal an der Stelle errichtet, wo er gelandet ist. Es befindet sich in unmittelbarer Nähe des Trainingsplatzes des SV Horn.

53__Die Theodor Rast

Nickerchen in der Hölle

Zwischen Brombeeren, Heidelbeeren und Holunder lässt es sich gut ausruhen. Da tut es der Sache keinen Abbruch, dass man sich »in der Hölle« befindet. So ironisch die Wortkombination auch klingen mag, handelt es sich hier um einen eigens gewidmeten Erholungswald.

Es gab Zeiten, da waren die überall herumliegenden großen Granitblöcke noch nicht so gut unter Moos und Bäumen versteckt. Bis in die 1950er Jahre waren einige der umliegenden Häuser bewohnt. Im Steinbruch bei Illmanns herrschte reger Betrieb. Für die kleine Gemeinde im Grenzland war der Granitabbau eine wichtige Einnahmequelle. Die Steine gingen nach Wien und Prag oder wurden zu Schotter verarbeitet und für die Straßen des Landes verwendet. In der nunmehr verfallenen Schmiede wurden die Werkzeuge der Arbeiter repariert. Aussprüche wie »auf Granit beißen« oder »hart wie Granit« geben Aufschluss darüber, dass der Abbau des Gesteins, der im Tagbau erfolgte, eine enorm anstrengende Angelegenheit war.

Zur Jause versammelten sich die Steinarbeiter am Kantinplatz. Gleich daneben findet man eine auffällige Gesteinsformation, die wie eine überdachte Liegestatt aussieht. Früher war sie mit Ästen und Brettern verstellt und soll dem Vorarbeiter, Herrn Theodor, zur Erholung von der schweren Arbeit gedient haben. Man könnte ihn demnach als den eigentlichen Erfinder dieses Erholungswaldes bezeichnen.

Der Legende nach war Theodor dem Feiern nicht abgeneigt. Nach mehreren durchzechten Nächten soll er, anstatt nach Hause zu gehen, seine steinerne Liegestatt aufgesucht haben. Dort konnte er ungestört seinen Rausch ausschlafen. Als Erinnerung an den Exzess und seine Folgen soll Theodor das Datum der besagten Nacht mit Steinmetzkreide auf den Fels geschrieben haben. Legt man sich auf das steinerne Bett und schaut nach oben, so ist tatsächlich das Datum des 7. Juli 1896 deutlich zu erkennen.

Adresse Erholungswald »In der Hölle«, 3874 Illmanns | Anfahrt L 5 bis Illmanns, auf halbem Weg nach Grametten links auf den Wanderweg zur Theodor Rast | Tipp Folgen Sie dem Wanderweg bis zur Graselhöhle. Der berüchtigte Räuber Johann Georg Grasel soll im Waldviertel ein weitverzweigtes Höhlennetzwerk als Versteck genutzt haben.

54_Das Dangl Bier

Vom Handwerk des Brauens

Bier ist ein Waldviertler Kulturgut. Das beginnt schon bei den Grundstoffen Hopfen und Braugerste, für die Boden und Klima ideal sind. Kein Wunder, dass die älteste Braustadt Österreichs – Weitra – im Waldviertel liegt. Neben den traditionsreichen Privatbrauereien kreieren gerade kleine Braubetriebe einen formidablen Gerstensaft. Unter ihnen ist jene von Günther Dangl der Geheimtipp schlechthin.

In seiner kleinen Brauwerkstatt entsteht nicht nur helles Bier, der Mann besitzt auch ein helles Gemüt. Wenn er über seine ersten Liter Selbstgebrautes spricht, dann huscht ihm ein Schmunzeln übers Gesicht. Anfang der 1990er Jahre packte den Handwerker die Neugier. »Weil es noch kein Internet gab«, kaufte er sich ein Buch, besorgte Hopfen und Malz und funktionierte einen alten Schnapskessel zu einer Sudpfanne um. Was herauskam, war stark und hatte wenig Kohlensäure, aber »man konnte es trinken«. Nach fünf Jahren und Hunderten Litern Lehrgeld gründete er sein eigenes Brauunternehmen.

Im Upcycling-Verfahren baute der begeisterte Tüftler seine Brauwerkstatt von der Sudpfanne über den Whirlpool, die Rohrsysteme und Schaltungen bis zu den Lagertanks selbst zusammen. Wer jede Schraube kennt, kann auch jede Nuance des Brauvorgangs bestimmen. In diesem Fall braucht man gar nichts zu automatisieren. Die Temperatur beim Brauvorgang wird allein durch das Nachlegen der Holzscheite gesteuert. Das Holz dafür kommt aus dem eigenen Wald.

Weil sich der Lagerraum schnell leert, wird fast jede Woche gebraut. Dabei macht der Selfmade-Brauer alle Schritte im Alleingang: Maischen, Sieben, Würzekochen. Nach zwei Tagen wird die Würze mit der Hefe in den Bottich gepumpt und gärt fünf Tage lang. Dann kommt das Bier für fünf Wochen in den Lagertank. Abgefüllt wird naturrein. Neben dem Hellen gibt es noch ein Märzen, ein schwarzes Bier, ein Weizenbier und jeden Herbst ein Bockbier.

Adresse Zettenreith 7, 3763 Japons | **Anfahrt** L 1183 bis Japons, L 174 bis Goslarn, abzweigen auf die L 1180 und in Zettenreith in die zweite Straße nach links abbiegen | **Öffnungszeiten** Voranmeldung unter Tel. +43/(0)2914/70206 | **Tipp** Weithin sichtbar sind die Windräder des Bio-Energiedorfs Japons. Auf dem Themenerlebnisweg lernen Sie neben den Windrädern noch andere Bio-Energiequellen kennen.

55_Das Hochmoor Große Heide

Sensible nordische Schönheit

Manche Wälder sieht man vor lauter Bäumen nicht. Ähnlich verhält es sich beim Hochmoor Große Heide. Dafür gibt es einen richtigen Wow-Effekt, wenn man den Aussichtsturm erklimmt und sich plötzlich das Panorama der Moorlandschaft auftut.

Wer bei dieser Landschaft an Skandinavien denkt, liegt richtig. Pflanzen- und Tierwelt sind ähnlich. Die Große Heide ist ein biogenetisches Reservat. Hier existieren noch einige Vertreter jener Pflanzen, die schon während der letzten Eiszeit vor 10.000 bis 12.000 Jahren hier wuchsen, als das Moor entstanden ist. Dazu gehört die Rentierflechte. Das Strauchgeflecht mit seinen spitzen Ästchen, im hohen Norden ein Hauptnahrungsmittel von Rentieren und Elchen, wächst an kaum einem anderen Ort in Österreich. Gelegentlich machen sogar Elche aus dem Böhmerwald einen Abstecher in die Große Heide. Ihre Hufe, die sie spreizen können, bewahren die massigen Tiere vor dem Versinken im Moor.

Die Rauschbeere ist das einzige Nahrungsmittel der Raupe des Hochmoorgelblings. Mit etwas Glück lässt sich der zitronengelbe Falter blicken. An einem warmen Tag könnte sogar eine Höllenotter aus dem Geflecht kriechen und sich auf einem Stein sonnen. Torfmoose, Siebenstein, Zwergbirke, Sumpfporst, Moosbeere, Rosmarinheide – die Liste der seltenen Pflanzen, die das Moor zum Leben brauchen, ist lang.

Moore sind Orte des Übergangs zwischen festem Land und Wasser. Waren es früher Gruselgeschichten von Irrlichtern, so ist es heute die Gefährdung des sensiblen Ökosystems, die Besorgnis hervorruft. Durch Entwässerung und Bebauung haben die Moorflächen stark gelitten und sind zugewachsen. Nur das Ansteigen des Moorwasserspiegels kann sie retten. Wer zur Großen Heide wandert, sollte die Natur nur von den Wegen aus genießen und den Moorbewohnern helfen, ihren Lebensraum zu bewahren.

Adresse 3973 Karlstift | **Anfahrt** B 38 bis Karlstift, Start der Wanderung am Parkplatz neben der Hauptstraße | **Tipp** Auf der Wanderung zum Moor kommen Sie am Stierhüblteich und einer rekonstruierten Holztriftanlage vorbei.

56 Der Landeplatz Delta

Krafttankstelle für Außerirdische

In den 1970er Jahren bestückte die US-Weltraumbehörde NASA ihre beiden Voyager-Raumsonden mit goldenen Schallplatten. Mit den sich darauf befindlichen Informationen könnten Außerirdische die Position der Erde bestimmen – und Musik von Mozart und Beethoven hören. Was nun, wenn die Botschaft gefunden wird und jemand den Weg zur Erde antritt? Wo sollen die Wesen aus einer anderen Welt landen?

Die Lösung dafür hatte der Architekt Manfred Stein. 1984 von Wien nach Kautzen übersiedelt, plante er zunächst einen neuen Dorfplatz, ein Museum, ein Blockheizwerk und den Badeteich. Mit seinen Projekten war er federführend daran beteiligt, dass die kleine Gemeinde zum Vorreiter in puncto Umweltschutz und Energieversorgung wurde. Eines Tages sprach ihn der Wünschelrutengeher Hans Guido Koch auf eine seltsame Gesteinsformation im nahen Wald an. Die Granitrestlinge waren den Einheimischen schon lange bekannt, darunter ein Warzenbründl und Schalensteine, welche schon die Kelten genutzt haben sollen. Der Architekt vermaß das Areal und zog wenig später bei der Betrachtung einer Sternenkarte den Schluss, dass die Anordnung der Steine dem Sternbild Skorpion entspreche. Erdstrahlen und Kraftlinien würden sich dort kreuzen.

Manfred Stein liebte es auch zu provozieren. Bei einem Interview für ein auflagenstarkes Boulevardblatt erfand er in Weinlaune den Ufo-Landeplatz. Niemand in Kautzen hatte je eine fliegende Untertasse gesehen, doch die Wiese neben dem Platz des Skorpions eignete sich für den Architekten ideal als Alien-Landepiste. Der einsetzende Ufo-Boom brachte der kleinen Gemeinde jedenfalls Aufmerksamkeit, von der nicht jeder Lokalpolitiker begeistert war. 1997 verstarb Stein unerwartet. Danach wurde der planierte Ufo-Landeplatz wieder zur Wiese. Das Wirken des Vordenkers ist durch seine visionären Projekte in der Dorferneuerung bis heute präsent.

Adresse 3851 Kautzen | **Anfahrt** B 2 bis Schrems, L 30 bis Ruders, links abzweigen auf die L 8177 nach Kleinmotten, rechts abbiegen in Richtung Alm, bei der Kreuzung rechts abzweigen und die erste Straße links den Hügel hinauf, Ufo-Landeplatz auf der großen Wiese vor dem Wald mit den Skorpionsteinen | **Tipp** Von Kautzen führt ein Heilkräuterlehrpfad mit Kneippanlage bis zum Hohen Stein.

57_Der Gemischtwarenladen

Wenn Alt und Neu sich schätzen

Wer im Waldviertel unterwegs ist, wird gelegentlich auf der Straße auf einen Lastwagen der Firma Kastner treffen. Das Familienunternehmen ist mit seinem Großhandel in ganz Österreich aktiv, aber in Zwettl verwurzelt. Wie viele Erfolgsgeschichten hat auch die der Kastners klein angefangen, und zwar in der Mitte des 19. Jahrhunderts mit einem Gemischtwarenladen in Kirchbach. Erstaunlich ist, dass man hier immer noch einkaufen kann und sich – abgesehen von den neueren Waren – so gut wie nichts verändert hat.

In den Schaufenstern liegen Haushaltsgegenstände vergangener Tage wie Teppichklopfer und Petroleumlampe. Über ein paar Stufen betritt man die Greißlerei. Die Waren sind bis zur Decke in Regalen und Fächern geordnet. Es gibt alles, was man für das tägliche Leben braucht, vom Schulheft über die Zwirnspule bis zum Schwamm, von der Zeitung über Schrauben bis zur Bluse, von Rum über Tiefkühlerbsen bis zu frischen Bananen. Ein paar ausgestorbene Produkte sind zu Ausstellungsstücken geworden, die Logos noch aus der Kindheit bekannt.

Hinter der Theke steht Elfriede Prichenfried, die seit 1948 unter der Woche tagein, tagaus hier arbeitet. Als alle Läden zu Supermärkten wurden, machte sie nicht mit. Wirtschaftskrisen und Landflucht konnten ihr nichts anhaben. Der Kontakt zu den Menschen steht bei ihr an erster Stelle. Als sie vor einigen Jahren zusperren wollte, griff ihr die Familie Kastner unter die Arme. Man erinnerte sich an die gemeinsamen Wurzeln, an den fleißigen Ignaz Kastner, der das Geschäft in Kirchbach gegründet und seinem Halbbruder übergeben hatte, ehe er 1862 in Rappottenstein einen neuen Laden aufbaute. Damals teilten sich die Verwandtschaftslinien. Ignaz Kastners Nachkommen führten die Geschäfte weiter und bauten später den Großhandel auf. In der Gegenwart angekommen, haben sich die alte Greißlerei und das moderne Unternehmen wiedergefunden.

Adresse Kirchbach 16, 3911 Kirchbach | **Anfahrt** B 124 bis Rappottenstein, abzweigen auf die L 7309 bis Kirchbach | **Öffnungszeiten** Mo–Fr 7–18 Uhr, Sa 9–13 Uhr | **Tipp** Die alte wasserbetriebene Brettersäge von Kirchbach ist heute ein Freilichtmuseum.

58_Das grafische Kabinett

Kunst in ehemaligen Klassenzimmern

Dass hier einmal seine eigenen Bilder an den Wänden hängen würden, hatte sich Erich Steininger wohl nicht gedacht, als er noch die Schulbank drückte. Der Lehrer jedenfalls erkannte sein Talent und förderte es ebenso wie der Leiter jenes Ordens, dem er später beitrat, um Priester zu werden. Daraus wurde nichts. Man schickte ihn aufgrund seiner Fähigkeiten auf die Akademie der bildenden Künste nach Wien. Dort herrschte in der Nachkriegszeit Aufbruchsstimmung, die Steininger aufsog. Mit seinen expressiven Arbeiten traf er den Zeitgeist und machte sich rasch einen Namen in der Kunstwelt. Sein Medium war die Druckgrafik. Dass er sich dem Holzschnitt derart intensiv widmete, mag daran liegen, dass sein Vater Zimmermann war.

In den frühen Werken reflektierte er die Waldviertler Kindheit, die Landschaft, die dörflichen Rituale und die tiefe Verwurzelung der Menschen in der Religion, ohne dabei etwas zu verklären. Wegen der Figuren, die in diesen Jahren oft so wirkten, als schwebten sie im Bild, nannte ihn ein Kritiker einmal den »Chagall des Waldviertels«. Bald aber begann Steininger, Figürlichkeit und Körper aufzulösen, und wurde immer abstrakter.

Als die Schulleiterwohnung im oberen Stockwerk 1986 frei wurde, mietete sie Steininger, um sich ein grafisches Kabinett aufzubauen und die Sommer mit seiner Familie am Land verbringen zu können. Nicht nur der Kunst wegen waren die Steiningers bekannt, als Tennis-Asse dominierten sie das jährliche Turnier in Rappottenstein.

Als die Schule 2004 den Betrieb einstellte, mietete Steininger die Klassenzimmer dazu. Einmal im Jahr zeigte er dort seine neuen Arbeiten, lud Freunde und die Kunstwelt nach Kirchbach ein. Nach dem Tod des Künstlers setzt sein Sohn, der Karriere als Kurator und Museumsdirektor machte, diese Tradition fort und stellt den Werken seines Vaters immer jene von einem seiner Weggefährten gegenüber.

Adresse Kirchbach 45, 3911 Kirchbach | **Anfahrt** B 124 bis Rappottenstein, abzweigen auf L 7309 bis Kirchbach, nach der Engstelle gleich rechts abbiegen | **Öffnungszeiten** nach Vereinbarung unter Tel. +43/(0)676/7169017 | **Tipp** Erich Steininger fertigte zahlreiche Sgraffiti im Waldviertel an. Eines der schönsten befindet sich am Clubhaus des Tennisplatzes Rappottenstein.

59 Das Klinger-Mausoleum

Kabale und Liebe

Ein Platz zum Träumen hoch über dem Thayatal. Hügel und Baumkronen reichen bis zum Horizont. Was aber nützt der schönste Ausblick, wenn man sich in einer ausweglosen Situation befindet wie Sybille Klinger, die hier, an ihrem Lieblingsplatz, ihre letzte Ruhe fand. Das Mausoleum mit Aussichtsterrasse hat ihr trauernder Ehemann errichten lassen.

Dabei hatte die Geschichte wie im Groschenroman begonnen. Reicher Mann verliebt sich in einem Lazarett während des Krieges in schöne Frau. Die beiden heiraten, ziehen in ein Schloss aufs Land und haben drei Kinder. Das Schloss ist in Raabs, die Frau war Sybille von Spiegelfeldt, der Mann Hugo Klinger von Klingerstorff.

Die Ehe verlief turbulent, bis Sybille wegen einer Lungenkrankheit nach Meran reiste. Während des Kuraufenthaltes lernte sie den russischen Fürsten Cyrill von Orlow, einen leidenschaftlichen Jungspund, kennen. Die beiden »spürten einander sofort«, wie Orlow später schilderte. Sybille gestand ihrem Ehemann die Fremdgefühle. Der Gehörnte wollte von Scheidung aber nichts wissen und enthüllte, dass Orlow bezüglich seiner großfürstlichen Herkunft geschwindelt hatte. Der Affäre tat das keinen Abbruch.

Am 2. Juni 1926 kam es zum Showdown. Orlow überraschte Klinger bei der Jagd. Die Männer gerieten in Streit, Orlow zog die Pistole, Klinger schoss zurück. Schwer verletzt ließen die Männer voneinander ab. Der strenge Richter in Raabs verhörte die Rivalen und ließ Sybille dringlich vorladen. Die nahm sich verzweifelt das Leben. Während die Zeitungen heftig spekulierten, fand die Gendarmerie Hinweise auf ein Mordkomplott gegen den Ehemann. Die Wahrheit kam nie ans Licht. Orlow starb wenige Tage später im Krankenhaus.

Auf den Natursteinmauern des Klinger-Mausoleums fühlt sich ausgerechnet der Trauermantel, eine selten gewordene Schmetterlingsart, besonders wohl. Was für eine tragische Romantik!

Adresse 3820 Kollmitzdörfl | **Anfahrt** L 8064 bis Kollmitzdörfl, dort zu Fuß dem beschilderten Weg folgen | **Tipp** Über der Thayaschleife thront die Burgruine Kollmitz. Abgetragenes Material der Burg wurde zum Bau der Kirche von Grossau verwendet.

60_Das Stadtcafé Ulrich

Lily Bretts Lieblingsplatz

»Darf's eine Melange sein? Und dazu vielleicht ein Apfelstrudel?« Ein bisschen alt wirkt die Einrichtung, aber das ist genau richtig so. Hinter einer gläsernen Theke stehen Kuchen und Torten zur Auswahl. Besonders gemütlich ist es in den kleinen Fensternischen. Von dort hat man einen guten Blick auf das Steiner Tor und kann die vorbeiziehenden Menschen beobachten. Ein bisschen erinnert es an die Wiener Kaffeehäuser. Das ist nicht verwunderlich, denn das Stadtcafé beruft sich auf das Alt-Wiener Flair.

Der Charme des Stadtcafé Ulrich hat es der New Yorker Autorin Lily Brett, die mit Büchern wie »Einfach so« und »Chuzpe« weltberühmt wurde, so sehr angetan, dass sie es zu ihrem Lieblingscafé erklärte, als sie im April 2015 einige Wochen in Krems weilte. Damit knüpft sie an ein österreichisches Phänomen an, denn Schriftsteller und ihre Lieblingscafés sind ein Klassiker. In erster Linie denkt man dabei an Robert Musil, Stefan Zweig, Joseph Roth und Thomas Bernhard. Diese Herren verkehrten in den Wiener Kaffeehäusern, beobachteten, schrieben und parlierten dort. Nicht selten fanden die Ergebnisse dieser Sitzungen Niederschlag in ihren Texten.

Lily Brett griff zu einer zeitgemäßen Methode und verewigte ihr Lieblingscafé auf Twitter. Ihr Mann, der Maler David Rankin, hatte in Krems auf eine Serviette gezeichnet. Die wurde abfotografiert und mit folgendem Text in die Welt geschickt: »Mein Mann hat diese Zeichnung auf einer Serviette aus unserem Lieblingscafé in Krems, dem Café Ulrich, gestaltet.« Wolfgang Kühn, der Leiter des Kremser Literaturhauses, begleitete die Autorin und ihren Mann gelegentlich und stellte fest, dass sich die eingefleischte New Yorkerin in der erwachenden Frühlingsnatur mit summenden Insekten weniger wohlfühlte.

Dafür kehrte sie täglich ins Stadtcafé Ulrich zurück und kostete dort auch die Süßspeisen. Am besten haben ihr die Strudel geschmeckt.

Adresse Südtirolerplatz 7, 3500 Krems | **Anfahrt** B 3 bis Krems, in den beiden Kreisverkehren bei der Kunstmeile Krems abzweigen auf die B 35 zum Zentrum, am Stadtpark parken und zu Fuß zum Steiner Tor gehen | **Öffnungszeiten** Mo–Do 7–23 Uhr, Fr, Sa 7–24 Uhr, So, Feiertage 9–23 Uhr | **Tipp** In den Museen der Kunstmeile Krems findet jeder etwas für seinen Geschmack – von zeitgenössischer Kunst aus Niederösterreich bis hin zu Satirischem.

61 Die Wenger Foundation

Mit Kunst die Welt verändern

»1.000 Mönche. 1.000 Wahrheiten. 1.000 Religionen.« Das war einer der Lieblingssprüche der Künstlerin Susanne Wenger – zu lesen im Eingangsbereich der Wenger Foundation an einer Wand, die der Künstler Moussa Kone nach dem Vorbild ihres Ateliers in Osogbo, Nigeria, gestaltet hat. Wenger betrachtete Kunst als globale Sprache. Alle Religionen zusammen ergaben für sie in Summe die Religion der Menschheit.

Durch Zufall und eine Ehe kam die Künstlerin, die während des Zweiten Weltkriegs in Wien Verfolgten half und eine zentrale Rolle in der Nachkriegs-Avantgarde einnahm, mit 35 Jahren nach Nigeria. Eine Begegnung mit einem Priester der Gottheit Obatala brachte sie in Berührung mit der Yoruba-Religion, die durch die Kolonisierung im Verschwinden begriffen war. Der Priester begleitete sie bei ihrer Initiation und prophezeite ihre Bestimmung: Verlorenes wieder aufzubauen. Als Wenger nach einigen Jahren ein Hilferuf aus Osogbo erreichte, begann sich dieses Schicksal zu erfüllen. Am Osun-Fluss war einer der letzten Heiligen Haine, der Flussgöttin Osun geweiht, von Verfall und Besiedelung bedroht. Wenger begann ein Werk, das sie 40 Jahre lang bis zu ihrem Tod in Anspruch nehmen sollte: Sie baute den Heiligen Hain mit ihren architektonischen Skulpturen neu auf. Neben der Erhaltung der Religion war ihr der Schutz der alten Regenwaldbäume ein Anliegen. Ihre Mitarbeiter ermutigte sie dazu, sich selbst künstlerisch zu betätigen, und rief damit die Künstlergeneration der »New Sacred Art« ins Leben.

Nach Österreich kam Wenger nur mehr selten. Dafür besuchte sie der Künstler und spätere Museumsdirektor Wolfgang Denk an die 30-mal in Nigeria. Er gründete mit ihr eine Stiftung, die ihr Werk bewahrt und zeigt. In den Ausstellungsräumen sind neben Gemälden auch Batiken zu sehen, die Wenger parallel zu ihrer Arbeit am Heiligen Hain anfertigte. Dieser wurde zum UNESCO-Weltkulturerbe erklärt.

Adresse KunstQuartier auf der Kunstmeile Krems, Steiner Landstraße 3, 3500 Krems | **Anfahrt** B 3 bis Krems, in den beiden Kreisverkehren bei der Kunstmeile Krems abzweigen auf die B 35 | **Öffnungszeiten** bei Veranstaltungen und nach Voranmeldung unter Tel. +43/(0)676/5525933 | **Tipp** Hausgemachte Gerichte aus aller Welt können Sie im Café MOYOme in der Kremser Fußgängerzone genießen.

62 Die Burg Krumau

Königin Margaretes (Un-)Glück und Ende

Interessanter als die kriegerischen Historien männlicher Fürsten sind oft die Frauenschicksale in Europas Herrscherhäusern. Margarete von Babenberg war nicht nur ein Spielball der Mächtigen, sie versuchte auch, ihr Erbe zurückzuerlangen – schließlich ging es um den Anspruch auf das noch junge Österreich. Das beherrschten die Babenberger ab 946 als Markgrafen und Herzöge fast 300 Jahre lang. Friedrich I. Barbarossa hatte ihnen ein Anrecht auf Erbfolge und die Designation von Nachfolgern zugestanden. Dieses Privileg wollte Barbarossas Enkel Friedrich II. den Babenberger-Frauen nicht einräumen, als ihr letzter männlicher Stammhalter in der Schlacht gefallen war. Dabei war eine der beiden potenziellen Erbinnen seine eigene Schwiegertochter Margarete. Sie war verwitwet und lebte im Kloster, weil der Kaiser seinen in Ungnade gefallenen Sohn entmachtet hatte.

Nach dem Tod ihres Bruders kehrte Margarete rasch nach Österreich zurück. Friedrich II. betrachtete das Land als an ihn zurückgefallen, bestellte einen Statthalter und verärgerte damit den ansässigen Adel, der sich hilfesuchend an den böhmischen König wandte. Der marschierte prompt ein. Obwohl 25 Jahre älter, heiratete Margarete Ottokar II. von Böhmen und übertrug ihm die babenbergischen Privilegien. Im Erbschaftsstreit mit Ungarn, wohin Margaretes Nichte geheiratet hatte, setzte sich Ottokar durch. Unter seiner Herrschaft wurde Niederösterreich in vier Viertel aufgeteilt, und das Waldviertel begann sich als Kulturlandschaft zu formen.

Ottokars Problem war allein die Kinderlosigkeit. Margarete wurde deshalb nach nicht einmal zehn Ehejahren verstoßen. Ottokar sprach ihr die Burg Krumau zu, auf die sie sich in ihren letzten Lebensjahren zurückzog.

Zwölf Jahre nach ihrem Tod wurde König Ottokars Ende auf dem Schlachtfeld von den Habsburgern besiegelt, die das Land für sechs Jahrhunderte beherrschen sollten.

Adresse Krumau 1, 3543 Krumau am Kamp | **Anfahrt** B 32 bis Altpölla, abbiegen auf die L 8027, dann die L 8088 bis Krumau nehmen, bester Blick auf die Burg von der Brücke aus | **Öffnungszeiten** nur von außen zu besichtigen | **Tipp** Im Sommer ist der Thurnberger Stausee Hotspot der Badenden. Im Altweibersommer ist er der perfekte Ausgangspunkt für Wanderungen im sich verfärbenden Wald.

63 Die Gemeindesandgrube

Flutwellen im Paradies

Wer zwischen den weitläufigen Feldern ans Meer denkt, ist in Gedanken im Sommerurlaub – oder auf einer Zeitreise. Vor 20 Millionen Jahren wogte hier eine azurblaue Wasseroberfläche. Wo heute die Gemeindesandgrube ist, rollten die Wellen an den Strand. Der drastische Anstieg des Meeresspiegels hatte die Landschaft in eine Art Karibik mit Grüppchen kleiner Inseln und langen weißen Buchten verwandelt. Allein die Menschen bevölkerten noch nicht die Strände. In den Buchten lebten Herden urzeitlicher Seekühe, die sich von dem nahrhaften Seegras ernährten, das im seichten Wasser wuchs. Ein Stück weiter draußen tummelten sich Delphine und weiße Haie. Venusmuscheln, Austern und Turmschnecken fühlten sich am Meeresboden wohl.

Die Seekühe, die hier lebten, bildeten eine eigene Art, die es nirgendwo anders gab. Dass sie ein tragisches Schicksal erlitten, klärte die Wissenschaft vor noch nicht allzu langer Zeit. Ein Forscher fand bei Grabungen erstmals Knochen des urzeitlichen Meeressäugers. Kurz darauf legte Johann Krahuletz im Raum Eggenburg große Teile der prähistorischen Fauna frei. Für seine Leistungen ehrte ihn ein französischer Kollege und benannte die neu entdeckte Seekuhart nach ihm *Metaxytherium krahuletzi*. Die gesamte Region rückte in den Fokus der Forschung und gab nach und nach Geheimnisse des Urzeitmeeres frei. In den 1980er Jahren kam es in der Gemeindesandgrube Kühnring zum Sensationsfund von acht vollständigen Seekuhskeletten. Die Analyse der Bodenschichten offenbarte das Schicksal der Seekühe. Ein verheerender Tsunami hatte die Meeresbucht überrollt, die Weidegründe der Tiere vermurt und ihnen die Nahrungsquelle genommen.

Die einstige Meeresbucht ist heute zum größten Teil verwachsen. An den freigelegten Stellen liegen versteinerte Schnecken und Muscheln, als wären sie gerade angeschwemmt worden. Wer Glück hat, findet einen Haifischzahn.

Adresse 3730 Kühnring | **Anfahrt** B 2 bis Eggenburg, beim Bahnhof parken, durch die Gleisunterführung und den Güterweg rechts an den Gleisen entlanggehen, links in den »Urzeitweg« abzweigen, nach dem Armenseelenkreuz die nächste Abzweigung links | **Tipp** Am »Urzeitweg« liegt der Johannessteinbruch mit einem kleinen Freilichtmuseum. Der hier abgebaute Zogelsdorfer Kalkstein wurde unter anderem beim Bau des Wiener Stephansdoms verwendet.

64__Der Ostrong

Weltuntergang mit Fischgeschmack

Befindet man sich auf einem höheren Punkt in der Umgebung, dann fällt erst auf, wie einsam der Bergrücken in der Landschaft steht. Vielleicht hat diese exponierte Lage ja dazu geführt, dass die Menschen sich so viele Geschichten über den Ostrong einfallen ließen. Eine davon hat richtig apokalyptische Ausmaße.

Im Inneren des Berges befindet sich der Legende nach ein großer See, der vollkommen von der Außenwelt abgeschnitten ist. Dort lebt seit ewigen Zeiten ein Riesenfisch.

Lange Zeit schlug er mit seiner mächtigen Schwanzflosse gegen die Felswände, um sie zum Einsturz zu bringen und seinem Gefängnis zu entkommen. Vor dem Donnern und Dröhnen, das er damit auslöste, ängstigten sich die Menschen. Irgendwann einmal müde geworden, schläft der Fisch bis heute. Eines Tages, wenn er aufwacht und es schafft, die Wände zu durchbrechen, wird das ganze Tal geflutet, und die Welt wird für seine Bewohner untergehen. Auf ein Entrinnen wird es keine Chance geben, denn jene, die vielleicht glauben, dass sie sich schwimmend retten könnten, wird der Fisch schnappen und verspeisen.

Der Ostrong hat seinen Namen wahrscheinlich von den slawischen Siedlern erhalten, die im 7. Jahrhundert hier lebten. Sie sprachen von einem »befestigten Platz« oder auch »Wald«. Neben dem höchsten Punkt am Ostrong, dem Gipfel des Großen Peilsteins mit 1.061 Metern, befinden sich Überreste aus einer Zeit, die tatsächlich nahe an den Schrecken des Weltuntergangs herankam. Es sind die Fundamente der Empfangs- und Sendeanlage der Richtfunkstrecke München–Ostrong–Wien, welche von der Wehrmacht genutzt wurde. Fernmeldesoldaten, die im nahen Münichreith stationiert waren, betrieben die Anlage.

Die letzte Erhebung des Ostrongs im Süden ist der Kaiserstein, ein Gipfel, der nach Kaiser Franz I. benannt ist, welcher im 18. Jahrhundert regierte und sich gern im Sommer in der Gegend aufhielt.

Adresse 3663 Laimbach am Ostrong | Anfahrt B 36 bis Laimbach am Ostrong, bei der Kirche parken, dann zu Fuß weiter auf der Straße Richtung Münichreith, nach dem Marterl rechts abbiegen zum Anstieg auf den Peilstein | Öffnungszeiten begehbar von Mai–Okt. | Tipp Nach der Besteigung des Peilsteins finden Sie Abkühlung im Yspertaler Puschacherteich.

65 Die Kipp

Eins zu null für die Natur

Kipp nennen die Einheimischen das kleine Naturparadies mit den zwei Bergwerkseen. Der Name rührt daher, dass hier noch vor wenigen Jahrzehnten Kohle abgebaut und das Erdreich auf die umliegenden Halden gekippt wurde.

An den Bergbau erinnert das Ortswappen mit den gekreuzten Hämmern. Alles andere hat sich die Natur wieder zurückgeholt. In Zeiten der Erderwärmung infolge eines durch den Menschen verursachten Klimawandels klingt das fast nach einem kleinen Happy End.

Dabei hat alles ganz anders begonnen. 1910 kam es beim Anlegen einer Sandgrube zu einem vielversprechenden Zufallsfund: Braunkohle. Die wachsende Industrie Anfang des 20. Jahrhunderts verschlang Energie. Ausgerechnet in fossilen Brennstoffen sahen die Menschen die Zukunft. So auch ein Lehrer, ein Gastwirt und ein Postmeister, die das Schürfrecht erwarben und mittels Probebohrungen ein beträchtliches Vorkommen nachweisen konnten. Der daraufhin gegründeten Langauer Bergwerksgesellschaft versiegte das Glück. Der erste Schacht stürzte ein, der zweite wurde vom Grundwasser geflutet. Dann ging das Geld aus. Alle weiteren Abbauversuche misslangen ebenso, bis man 1948 die Kohle im Tagbau zu fördern begann. In der »Grube Austria« wurde anfangs mit Krampen, Schaufeln und Pferdefuhrwerken gearbeitet, später mit Baggern, Seilbahn und Lkws. Das brachte jährliche Erträge von bis zu 250.000 Tonnen.

Als der Heizwert der Kohle stetig sank und die kalorischen Kraftwerke durch Erdöl, Erdgas und Wasserkraft Konkurrenz bekamen, endete der Abbau im Jahr 1963. Rasch füllten sich die Gruben mit Wasser und bildeten Seen. Die Birke, ein Pionier unter den Bäumen, begann das Land für die Natur zurückzuerobern. Ihr Laub überzog die Abraumhalden und bildete eine humusreiche Schicht, auf der sich andere Pflanzen ansiedelten. Fische und Wasservögel brachten Leben ins Wasser und ans Ufer. Und fertig war das kleine Paradies.

Adresse 2091 Langau | Anfahrt B 30 bis Langau, von Süden kommend nach Queren des Langauer Bachs zweimal die erste Straße links abzweigen, linker Hand Startpunkt des Bienenerlebniswegs, der zwischen den beiden Bergwerkseen durchführt | Tipp Ein Diorama des ehemaligen Braunkohlebergwerks befindet sich im Freizeitmuseum Langau. Das Modell mit computergesteuerten Fahrzeugen und Lichteffekten zeigt das Bergwerk in seiner Blütezeit.

66 Das Schulgebäude

Erstlingswerk einer Architektenlegende

Der Einstieg in die Volksschule ist für die Kinder aus Marbach und Umgebung der Anfang vom Erwachsenwerden. Für Clemens Holzmeister war die Planung ihres Schulgebäudes der Beginn seiner Architektenkarriere.

In das Donautal kam der Architekturstudent durch seinen Freund Rudolf Pichler, der beim niederösterreichischen Landesbaudienst tätig war. Pichler vertrat in der Wachau die architektonischen Interessen von Erzherzog Franz Ferdinand. Über die Empfehlung Pichlers wurde Holzmeister Leiter der Bauberatungsstelle im Verein »Deutsche Heimat«, der sich für eine Verbindung von moderner Sachlichkeit und Tradition einsetzte. Als 1912 der Bau der Volksschule in Marbach beschlossen wurde, ging der Auftrag an Holzmeister. Der Erzherzog begutachtete den Entwurf und befand ihn für gut – lediglich ein paar Verzierungen an der Fassade ließ er streichen.

Zehn Jahre nach seinem Erstlingswerk schaffte Holzmeister den Durchbruch mit dem expressionistisch-monumentalen Krematorium der Stadt Wien. Trotz der Proteste aus dem katholischen Lager setzte das sozialdemokratische Wien die Feuerbestattung durch. Holzmeisters Ansichten waren liberal, ein gewisser Pragmatismus sollte ihm zeitlebens dabei helfen, für unterschiedliche Auftraggeber zu arbeiten.

In den bewegten 1920er und 30er Jahren ging sein Stern auf, er baute Kirchen und bekleidete politische Ämter. Mit der Machtergreifung der Nationalsozialisten verlor er seinen Lehrstuhl. In der Türkei, wo er bereits gebaut hatte, wurde der Architekt mit offenen Armen aufgenommen. In der nach Fortschritt strebenden Republik Atatürks realisierte er das türkische Parlament und 13 weitere öffentliche Gebäude. Erst Jahre nach dem Krieg nahm er die Lehrtätigkeit in Wien wieder auf. Knapp vor dem Ende seines langen Architektenlebens kehrte Holzmeister – mittlerweile 91-jährig – nach Marbach zurück und begleitete die Schulrenovierung.

Adresse Marktstraße 16, 3671 Marbach an der Donau | **Anfahrt** B 3 bis Marbach, abzweigen auf die parallel verlaufende Marktstraße | **Öffnungszeiten** nur von außen zu besichtigen | **Tipp** Für Ausflugsfahrten auf der Donau können Sie die MS Marbach chartern – besonders nett für Familienfeste.

67 Der Cholerafriedhof

Epidemie des Grauens

Das kleine umzäunte Grundstück am Waldrand gehört den Toten. Zwischen den vier Gräberreihen mit ihren schmiedeeisernen Kreuzen wachsen Gräser und Wiesenblumen. In der Mitte steht ein Gedenkstein, der an das gemeinsame Schicksal der Verstorbenen erinnert. Daran ist zu erkennen, dass es sich hier um keinen gewöhnlichen Friedhof handelt.

Es begann im Sommer 1688 und muss grässlich gewesen sein. Innerhalb weniger Tage setzte das große Sterben ein. Die Brechruhr, wie die Cholera genannt wurde, verbreitete sich leise und schnell, sie brachte Angst und Schrecken mit sich. Auf welche Weise sich der bakterielle Erreger derart rasch ausbreiten konnte, war selbst den Medizinern der damaligen Zeit ein Rätsel. Es half nichts, sich zu Hause einzusperren. Nur ein Schluck verseuchten Wassers bedeutete die sofortige Infektion.

Die Cholera schlich sich infolge der Ereignisse des Preußisch-Österreichischen Krieges in Teile des Waldviertels ein. Am 3. Juli 1866 siegte das preußische Heer in der Entscheidungsschlacht von Königgrätz und marschierte auf Wien. Die tödlichen Erreger kamen mit den Soldaten, die in der Umgebung einquartiert waren. Am 4. August starb einer von ihnen und wurde in Maria Dreieichen beerdigt. Vier Tage später forderte die Cholera die ersten drei Opfer aus der Zivilbevölkerung. Um die Krankheit an der Ausbreitung zu hindern, bestattete man die Toten ein Stück vom Ort entfernt. In den kommenden Wochen kamen 36 weitere Choleraopfer dazu. Ein Blick auf die Sterbedaten zeigt, dass die Cholera von einem Ort zum anderen übergriff und dort jeweils tagelang wütete: zuerst Zaingrub, dann Mold, dann Mörtersdorf. Oft wurden ganze Familien ausgerottet. Die Epidemie forderte mehr Leben als die Kampfhandlungen des Krieges.

Als am 15. Oktober das letzte Begräbnis am Cholerafriedhof stattfand, war der Krieg immerhin schon seit fast zwei Wochen beendet.

Adresse 3744 Maria Dreieichen | **Anfahrt** B 2 bis Maria Dreieichen, gegenüber der Basilika parken und dem beschilderten Weg folgen | **Tipp** Auf der Rückseite des Hochaltars der Basilika sind die Stämme jener Eiche zu sehen, an der ursprünglich das wächserne Gnadenbild von Maria Dreieichen hing.

68_Die Namenshäferl

Trinkgefäße mit Kultfaktor

Sie sind ein Klassiker. Wer hat als Kind nicht den Kakao aus einem Häferl mit dem eigenen Namen darauf geschlürft? Oder die geblümten Tassen mit der Aufschrift »Oma« und »Opa« in der großelterlichen Küche gesehen? Gekauft wurden sie auf Sonntagsausflügen und bei Wallfahrten.

Maria Taferl ist seit dem 17. Jahrhundert ein Wallfahrtsort. Dort, wo heute die Basilika steht, sollen mehrere Menschen durch ein Wunder geheilt worden sein. An der Stelle eines Bildstockes, eines sogenannten Taferls, wurde daraufhin die Basilika errichtet. Majestätisch thront sie über dem Donautal. Die benachbarten Verkaufsstände gehören seit Ewigkeiten zum Ortsbild. Waren es früher hauptsächlich Wallfahrer und Sommerfrischler, die nach Maria Taferl kamen, so sind es heute Touristen und Tagesausflügler. Man besichtigt die Basilika, staunt über das Panorama bis zur Wachau, bummelt durch die Stände und schaut, ob man sich selbst findet in dem Raum, in dem vom Boden bis zur Decke die Häferl stehen.

800 Namen bietet Reinhard Vogler, der in vierter Generation Mehlspeisen und Lebkuchen produziert und seit den 1990er Jahren Souvenirs verkauft. Vor einigen Jahren hat er damit begonnen, die Häferl selbst mit Namen zu bedrucken und zu brennen. Um die Trends zu kennen, wirft er gelegentlich einen Blick auf die Internet-Babygalerien der umliegenden Krankenhäuser. Namen, die immer gehen, sind Maria, Anna, Lena, Lukas, Karl und Michael. Es gibt aber auch Neuzugänge. Das »Zoe«-Häferl ist in jüngster Zeit gleich mehrmals über den Ladentisch gegangen und bis England verschickt worden. Wünscht jemand einen neuen Namen, so fertigt Vogler das Häferl gleich doppelt an und stellt ein Exemplar zur Sammlung am Stand. Wenn er keine Namenshäferl produziert, kreiert er Schokotaler, Souvenirartikel und Ansichtskarten – vom Ausflug den Lieben nach Hause zu schreiben ist ebenso ein Klassiker, wie ein Häferl mitzunehmen.

Adresse Platz vor der Basilika, 3672 Maria Taferl | **Anfahrt** B 3 bis Marbach, abzweigen auf die L 7257 nach Maria Taferl | **Öffnungszeiten** Mitte März – Ende Okt. | **Tipp** Im Gasthaus »Zum Goldenen Löwen« befindet sich ein Alpenpanorama aus dem Jahr 1910. Eine Modelleisenbahn fährt vorbei an Szenen aus dem ländlichen Leben.

69_Die Sternwarte Orion

Ein Fenster ins Universum

Bei einem nächtlichen Blick in den Himmel wird einem schnell bewusst, dass es da draußen noch etwas anderes gibt als unsere Erde. Ein Umstand, der uns Menschen immer schon zu Pionierleistungen angespornt hat.

In den 1960er Jahren machte sich ein Wiener Prokurist auf die Suche nach dem perfekten Platz zur Sternenbeobachtung. Er ging penibel vor, alle Voraussetzungen mussten erfüllt werden: von der angemessenen Seehöhe über den perfekten Rundblick bis zur Abwesenheit künstlicher Lichtquellen. Auf einem kleinen Fleckchen Land zwischen den Feldern in Oed wurde er fündig und baute eine Sternwarte.

Nach seinem Tod übernahm die Gemeinde das zwischenzeitlich baufällig gewordene Observatorium. Was für ein Glück für die Martinsberger, dass sie den vielseitigen Gerhard Janu haben. Der mittlerweile pensionierte Dentist hatte schon von Berufs wegen das nötige Fingerspitzengefühl. Gemeinsam mit seinem Sohn überholte er das Teleskop Schraube für Schraube und brachte das Observatorium in einen tadellosen Zustand. Auf den Namen Orion kam er, weil ihm die künstlerische Darstellung des riesenhaften Himmelsjägers in einem astronomischen Buch aufgefallen war.

Kaum war alles fertig, suchte Janu den Kontakt zur Wissenschaft und holte den legendären Astronomen Hermann Mucke nach Martinsberg. Der Professor wusste von einem tschechischen Kollegen, der nach einem geeigneten Platz für eine Meteorkamera suchte. Keine Frage, der Sternenspot in Oed war auch dafür perfekt. Neben der Sternwarte wurde ein Turm errichtet. Darauf steht eine Kamera, welche die Flugbahnen herabstürzender Himmelskörper aufzeichnet.

So haben Janu und seine Kollegen aus der alten Sternwarte eine wissenschaftliche Basis gemacht. Pionierleistung eben. In klaren Nächten kurbeln sie das Dach des Häuschens nach hinten, bringen das große Teleskop in Stellung und lassen Interessierte einen Blick ins Universum werfen.

Adresse Oed, 3664 Martinsberg | **Anfahrt** B 36 bis Größenbach, abzweigen nach Martinsberg, den Ort durchqueren bis Oed, Sternwarte gut ausgeschildert | **Öffnungszeiten** Beobachtungen nach Vereinbarung unter Tel. +43/(0)664/8920072 | **Tipp** Über 1.000 Modelltraktoren und alles rund um den 180er Steyr finden Technikbegeisterte im Traktormuseum in Kirchschlag.

70__Das Katzenparadies

Auf leisen Pfoten durch den Nationalpark

Mit einer gehörigen Portion Glück sieht man ein getigertes Fell durch die hohen Wiesen leuchten oder vier Pfoten zwischen den Bäumen durchhuschen. Es könnte eine Wildkatze sein.

Christian Übl, Leiter des Nationalparks Thayatal, wird oft von Sichtungen berichtet, er weiß aber, dass die äußerliche Ähnlichkeit mit der Hauskatze immer wieder zu Verwechslungen führt. *Felis silvestris silvestris* lebt nahezu unsichtbar für den Menschen tief im Wald. Ihr augenfälligstes Unterscheidungsmerkmal zum Stubentiger ist ihr kurzer Schwanz, der ein dickes, stumpfes Ende hat. Nicht sie war es, die der Mensch vor Jahrtausenden domestizierte, sondern ihre afrikanische Verwandte, die ein friedfertigeres Gemüt hatte.

Von schießwütigen Jägern im 19. Jahrhundert fast ausgerottet, war es in Österreich lange Zeit still um den geheimnisvollen Waldbewohner. Bis es Christian Übl 2008 gelang, erstmals wieder eine Spur aufzunehmen. Als Lockstoff verwendete er Baldrian, eine Versuchung, der auch eine wilde Katze niemals widerstehen kann. Die Aufregung war groß, von einem Comeback war die Rede. Der Nationalparkdirektor geht jedoch davon aus, dass die Wildkatze nie ganz weg war, sondern in der Einsamkeit des Waldviertels auf leisen Pfoten weiterexistiert hat. Die grenznahen Wälder sind dafür ein ideales Rückzugsgebiet.

Wer die Thayaschlinge umwandert, wird Pflanzen wie das hohe Perlgras zum ersten Mal im Leben sehen. Aufgrund seiner Diversität ist der Nationalpark eine Arche Noah. Von den 2.000 Tier- und Pflanzenarten, die in Österreich vorkommen, findet sich hier die Hälfte.

Ganz unmöglich ist es dann doch nicht, eine Wildkatze auf einem Ast faulenzen oder durchs Unterholz pirschen zu sehen. Beim Nationalparkhaus leben Katze Frieda und Kater Carlo, die aus einem Zooprojekt stammen, in einem großen Wildgehege und erlauben gelegentlich Einblicke in ihren Alltag.

Adresse Nationalparkhaus, Merkersdorf 90, 2082 Merkersdorf | **Anfahrt** L 1044 bis Merkersdorf, Nationalparkhaus auf halber Strecke nach Hardegg auf der linken Seite | **Öffnungszeiten** 21. März–30. Sept. täglich 9–18 Uhr, 1. Okt.–2. Nov. täglich 10–17 Uhr | **Tipp** Das Guckkastenmuseum ist in einem Klassenzimmer der ehemaligen Volksschule untergebracht und erzählt die Geschichte Hardeggs.

71_Die Haselnüsse

Nussknacker im Familienverband

Im Wort Genuss steckt sie drin: die Nuss. Dass sie sich in Raabs derart wohlfühlt, ist neu. 2007 begannen fünf Landwirte mit der Haselnusswirtschaft und gründeten den Verein Waldviertler Haselnuss. Die Idee kam aus Bayern, wo in ähnlichem Klima schon erfolgreich Nüsse angebaut wurden.

Matthias Theurer kultiviert mehrere Hektar Land mit Haselnüssen, die er direkt ab Hof vermarktet. Dafür hat er sein ehemaliges Jugendzimmer geopfert und es zu einem Hofladen mit Verkostungsmöglichkeiten umfunktioniert. Dorthin lädt er gern zum Probieren ein. Neben den Haselnüssen gibt es hausgemachten Nussschnaps und ein bereits preisgekröntes Nussöl. Die Haselnuss ist nicht nur eine Vitaminbombe, sondern auch gut verwertbar. Aus dem Öl-Presskuchen entsteht Nussmehl zum Backen. Die Schalen werden zum Heizen verwendet.

Boden und Klima des Waldviertels tun der Haselnuss gut, verleihen ihr einen intensiven Geschmack. Theurer pflanzt drei Sorten an. Neben den grünblättrigen Corabelle und Merville ist die Rote Zeller leicht von den anderen beiden zu unterscheiden. Sie ist klein und kugelig, hat eine dunkelrote Schale und wächst auf einem Strauch mit roten Blättern. Bis in den November hinein wird geerntet. Für Familie Theurer bedeutet Natur ein Geben und Nehmen. Die erste Reihe im Nussgarten ist den Eichhörnchen vorbehalten.

Bei der Haselnussverarbeitung hilft die ganze Familie. In den ersten Jahren wurden die Nüsse noch von Hand vom Boden aufgelesen und geknackt. Großvater Theurer entwickelte sich dank seiner Lärmunempfindlichkeit zum ertragreichsten Nussknacker. Er entfernte sein Hörgerät, platzierte mehrere Nüsse zwischen zwei Bretter und schlug heftig mit dem Hammer darauf. Mittlerweile beträgt der Nussertrag mehrere Tonnen im Jahr, und die Nüsse werden maschinell geknackt. Allerdings immer erst dann, wenn sie benötigt werden. So bleiben sie frisch bis zum letzten Moment.

Adresse Modsiedl 14, 3820 Modsiedl | **Anfahrt** bei Raabs auf die Großauer Straße, in Modsiedl nach der Bushaltestelle rechts abbiegen | **Öffnungszeiten** Voranmeldung unter Tel. +43/(0)2846/7724 | **Tipp** Zwischen Weikertschlag und Wetzles liegt der Dynamite Park. Auf dem Spielplatz für Erwachsene können Sie zum Beispiel einen 24-Tonnen-Kettenbagger steuern.

72_Das Familiendenkmal

Aufregende Leben in stürmischen Zeiten

Haikus sind die kürzesten Gedichte der Welt. In 17 Silben bilden sie einen Moment ab. Die Schriftstellerin Imma Bodmershof beherrschte die japanische Gedichtform derart meisterlich, dass man sich an der Universität Tokio mit ihren Texten zu beschäftigen begann und sie übersetzte.

Zu schreiben begann sie erst im Alter von 38 Jahren. Ihre Romane wurden vom oft schwierigen Leben als Gutsbesitzerin und den vielen Reisen durch Europa beeinflusst. Als ihr ein Freund zu Weihnachten 1947 ein Buch mit Haikus schenkte und sie darin las, hatte sie das Gefühl, »als schlüge ein Blitz ein«. Dies sei die Form, die sie ihr Leben lang gesucht habe. Eine Suche, auf der sie als Jugendliche dem Dichter Rainer Maria Rilke begegnet war. Ihr Vater Christian Ehrenfels war einer der Begründer der Gestaltpsychologie. Franz Kafka und Max Brod hörten seine Vorlesungen in Prag, gingen bei der Familie ein und aus und beeinflussten die junge Frau, die später mit ihrem Mann Wilhelm Bodmershof auf Schloss Rastbach ins Waldviertel zog.

Im nahen Schloss Lichtenau lebte ihr zum Islam konvertierter Bruder Omar Rolf, der eine Zeit lang mit Elfriede, der Schwester ihres Mannes, verheiratet war. Um das Paar bildete sich ein Kreis von Orient-Begeisterten. In dunklen Zeiten trafen sich in Lichtenau Menschen, die an eine tolerante Welt glaubten und östliches und westliches Denken verbanden. Einer von ihnen war der vom Judentum zum Islam konvertierte Schriftsteller Lew Nussimbaum alias Essad Bey. Den höchstwahrscheinlich von ihm verfassten Roman »Ali und Nino« veröffentlichte Elfriede Ehrenfels unter dem Pseudonym »Kurban Said«. Wer die als Literaturklassiker geltende Liebesgeschichte zwischen einer Christin und einem Moslem wirklich schrieb, konnte nie restlos geklärt werden.

In der Friedhofsnische mit Denkmal fanden neben Imma Bodmershof auch ihr Vater und ihr Bruder die letzte Ruhe.

Adresse Friedhof, 3542 Moritzreith | Anfahrt L 37 bis Moritzreith, dann L 7055 | Tipp Das Flippermuseum in Lichtenau lädt nicht nur zum Bestaunen der historischen Spielautomaten ein: Sie können an einigen Automaten sogar selbst spielen.

73__Der Steinerne Saal

Couchsurfing für Neandertaler

Ein Blick hinunter, und sofort ist klar, warum dieser Abschnitt des Kremstales den Beinamen Grand Canyon trägt. Die Kleine Krems hat ein tiefes Tal in das alte Gestein der Böhmischen Masse geschnitten. Wind, Wasser und Jahreszeiten haben das Ihre dazugetan und Höhlen und Felsformationen in allen Formen und Größen modelliert. Sie dienten von der Steinzeit an als Unterschlupf. Je höher man steigt, desto mehr offenbart sich diese steinzeitliche Wohnsiedlung, deren Ausgangspunkt die marmorne Gudenushöhle ist.

Während der letzten Eiszeit war das Waldviertel eine Kältesteppe. Mammut, Rentier und Wollnashorn fanden in den Graslandschaften ausreichend Nahrung und wanderten, den Jahreszeiten folgend, in großen Herden durch die weite Landschaft. Ihnen dicht auf den Fersen war der Neandertaler. Der Kälte gegenüber waren die kräftiger gebauten frühen Verwandten des Homo sapiens weniger sensibel. Als Nomaden zogen sie durch das kalte Mitteleuropa. Die Kremstalhöhlen, in denen viele ihrer Spuren aufgelesen wurden, waren ihnen eine willkommene Unterkunft auf der Durchreise. In der Gudenushöhle und im Steinernen Saal fanden Archäologen im 19. Jahrhundert unzählige Faustkeile, die »Schweizermesser« der Neandertaler. In der Eichmayerhöhle, die mit dem Steinernen Saal verbunden ist, hat so manches steinzeitliche Mahl stattgefunden. Das bezeugen Feuersteine und die Knochen von 27 Säugetierarten. Auch später, in der Jungsteinzeit, suchten frühe Menschen die Höhlen auf. Sie hinterließen dort etwa eine Knochenpfeife, eines der ersten Musikinstrumente.

Die Kunstwerke, die sich unter dem 30 Meter breiten Dach des Steinernen Saales befinden, sind – obwohl aus Stein gemacht – jüngeren Datums und von einem unbekannten Künstler geschaffen worden. Die meisten der Steinfiguren erinnern an Inuksuit, die Steingebilde der Inuit aus dem Norden Kanadas, die zur Überlieferung von Wissen dienten.

Adresse 3613 Nöhagen | Anfahrt B 3 bis Weißenkirchen, L 7094 bis Weinzierl am Walde, L 7078 bis Purkersdorf, dort rechts abzweigen zum Parkplatz zur Gudenushöhle, dann zu Fuß weiter | Tipp In Brunn am Walde können Sie den Vorläufer des Kühlschranks, einen im Jahr 1801 errichteten Eiskeller, oberhalb des Schlosses besichtigen.

74_Das Kindheits-Schloss

Vicky Baums Sehnsuchtsort

Neue Eindrücke, Abenteuer und das Gefühl unendlicher Freiheit. So erinnern sich viele Menschen an die Sommer ihrer Kindheit. Für die Schriftstellerin Vicky Baum waren die Sommerferien in Peigarten die, wie sie in ihrer Autobiografie erzählt, bedeutendste Zeit ihres Lebens. Ihr Onkel hatte das Schloss gepachtet und betrieb darin eine Weberei. Wenn Vicky nicht mit den Weberkindern im Dorf spielte, zog sie sich in die alten Mauern zurück.

Von der Straße aus ist der runde Turm im hinteren Teil gut sichtbar. Dort befand sich ein verwilderter Garten, von dem aus das Mädchen »das wellige Land« überblickte, »tiefschürfende und krause Gedanken« hatte und »wie in einer Art Betäubungszustand eins mit ihrem kleinen Reich« wurde.

Die Kindheit endete schnell. Vicky Baum wurde Harfenistin und ging nach Deutschland. Das Schreiben, zunächst eine Nebenbeschäftigung, machte sie über Nacht berühmt. Ihr Bestseller »Menschen im Hotel« darf auch 80 Jahre nach Erscheinen in keiner gut sortierten Buchhandlung fehlen. Die Theaterfassung schaffte es an den New Yorker Broadway und ließ eine Einladung nach Hollywood zur Mitarbeit am Drehbuch folgen. Keine Geringere als Greta Garbo spielte die Hauptrolle in der Romanverfilmung. Später verkörperte die Filmdiva Napoleons Geliebte Maria Walewska. Was für ein Zufall, war doch Gräfin Walewska lange Zeit vor Vicky Baum Sommergast auf Schloss Peigarten.

Verfolgt von den Nationalsozialisten, nahm Vicky Baum die US-Staatsbürgerschaft an. In der Ferne begleitete sie zeitlebens ein Traum. Darin war »die staubige alte Straße« von Peigarten durch eine dicht befahrene Autobahn ersetzt, Wiesen und Bach waren Industriebauten gewichen, ein von Hitler erbautes »wagnerianisches Eingangstor« verwehrte ihr den Eintritt ins Schloss. Tatsächlich hat sich in Peigarten nicht allzu viel verändert. Vicky Baum sah dennoch ihr heiß geliebtes Schloss nie wieder.

Adresse 3843 Peigarten | **Anfahrt** B 36 bis Niederedlitz, abzweigen auf die L 8164, rechts abbiegen auf die L 8165 bis Peigarten, Schloss am Ortsende | **Öffnungszeiten** von außen zu besichtigen | **Tipp** Das Thayaland ist ein wahres Paradies für Radfahrer. Entlang des Radrundweges, der großteils auf ehemaligen Bahntrassen verläuft, gibt es Wildobsthecken, Badestellen und gemütliche Gaststuben.

75 Das Kloster Pernegg

Wenn weniger mehr ist

Dass Klöster an neuralgischen Punkten erbaut sind, lässt sich im Falle von Pernegg gut nachvollziehen. Man nähert sich auf einer Allee, die wie eine Landbrücke auf eine Halbinsel am Ende der weitläufigen Felder führt. Dahinter wird es waldreich und hügelig.

Pernegg gehört seit fast 1.000 Jahren zum Stift Geras. Nachdem beide Klöster im Zweiten Weltkrieg beschlagnahmt worden waren, nahmen die Prämonstratenser nur in Geras den Klosterbetrieb wieder auf. Das sporadisch genutzte Pernegg begann langsam zu verfallen, ehe es der Geraser Abt in den 1990er Jahren umfassend renovieren ließ. Der Touristiker Klaus Rebernig trat mit einer interessanten Idee auf den Plan. Er pachtete das Gelände, um ein Konzept zu verwirklichen, das den klösterlichen Prinzipien nicht unähnlich ist.

Bevor Rebernig damit begann, Menschen zur Entdeckung der Stille zu ermuntern, musste er sie erst selbst entdecken und das Leben als gestresster Manager an den Nagel hängen. Er lud eine Gruppe von Freunden aus der Stadt übers Wochenende in das leer stehende Kloster ein. Manche langweilten sich, die meisten aber genossen, dass es nicht viel mehr gab als Natur, Kargheit und Ruhe. Das Experiment funktionierte, und das Ehepaar Rebernig baute ein Fastenzentrum auf.

Die klassische Variante ist das Suppen- und Saftfasten. Es lässt sich mit Yoga, Meditation, Wandern und kreativem Schreiben verbinden. An manchen Tagen darf auch geschwiegen werden. Wer digital fasten möchte, kann elektronische Begleiter dezent an der Rezeption abgeben und in Freiheit durchatmen. Die gut erhaltene klösterliche Infrastruktur ermöglicht es den Fastenden, in den historischen Räumlichkeiten durch ganz einfache Rituale einen Rhythmus zu finden. Am Ende hat man jede Menge Ballast verloren, so manchen Sinn wiedergefunden und seinen Gaumen erholt. Da kann schon ein Biss in einen Apfel zu einer Geschmacksexplosion führen.

Adresse Pernegg 1, 3753 Pernegg | Anfahrt B 4 bis Pernegg, abzweigen in den Ort, dann gleich links und bis ans Ende der Straße | Öffnungszeiten Besichtigung nur von außen, ganzjährig Kurse | Tipp Ein Wanderweg rund um das Kloster führt an der Nikolaikapelle vorbei. Sie ist letztes Zeugnis der Burg Pernegg, deren Steine für den Bau des Klosters verwendet wurden.

76_Das Donaukraftwerk

Technikwunder der 50er Jahre

Nach seiner Fertigstellung im Jahr 1959 war das Donaukraftwerk Ybbs-Persenbeug Symbol des Wiederaufbaus und wirtschaftlichen Aufschwungs nach dem Zweiten Weltkrieg. Mit sechs großen Turbinen konnte es die Hälfte des Strombedarfs im ganzen Land abdecken. In den meisten Haushalten gab es damals nur Glühbirnen, Bügeleisen und Radiogeräte. Fünf Dekaden später reichen neun Donaukraftwerke gerade einmal für 20 Prozent des österreichischen Stromverbrauchs.

Für das erste Donaukraftwerk musste das Flussbett verbreitert und ein ganzes Dorf samt Kirche geschliffen werden. Der gewaltige Felsen, auf dem Schloss Persenbeug – Geburtsort von Karl I., dem letzten Kaiser Österreichs – thront und der weit in die Donau ragte, wurde kleiner gesprengt.

Das Kraftwerk wirkte sich auf Schifffahrt und Straßenverkehr aus. Die Donaukapitäne atmeten auf, weil die gefährlichen Passagen im Strudengau mit seinen Strudeln und tückischen Strömungen entschärft wurden. Zwischen den 130 Kilometer voneinander entfernten Städten Krems und Linz hatte es keine Brücke über die Donau gegeben. Mit der Verlegung der Straße über die Staumauer wurde die Lücke geschlossen und ein Tor zum südlichen Waldviertel geöffnet.

Abgesehen von der technischen Pionierstellung ist das Donaukraftwerk ein Baujuwel der Nachkriegszeit. Architekt Karl Hauschka, bekannt für seine sozialen Wohnbauten in Wien, plante ganz im Sinne der Moderne sachlich und funktional. Das Flair der 1950er Jahre ist nicht nur außen, sondern auch im Betriebshaus und in den Werkshäusern erhalten. Im Rahmen einer Führung darf man einen Blick in die Steuerungszentrale werfen, die – bis auf die Computer in der Raummitte – noch immer mit alten Konsolen, Schaltkästen, Lampen und Anzeigen ausgestattet ist. Heute wird dort nur mehr bei Hochwasser oder in Notsituationen gesteuert. Das Ruder haben die Kollegen im Kraftwerk Freudenau in Wien übernommen.

Adresse Besucherzentrum, Donaudorfstraße 2, 3370 Ybbs | **Anfahrt** Besucherzentrum an der B 25, Parkplätze beiderseits der Donau | **Öffnungszeiten** Kraftwerksführungen April–Okt., Informationen unter www.kraftwerksfuehrungen.at | **Tipp** Flanieren Sie nach der Führung am Donauufer entlang und entdecken Sie in Persenbeug das Schiffsmeisterhaus und andere alte Bürgerhäuser.

77_Das Flussbad Plank

Ein Sommer wie damals

Die rot-weiß-roten Holzbauten mit den Arkadengängen, der runde Pavillon, das altmodische Buffet und die Tische und Sessel unter den schattenspendenden Bäumen wirken so entspannend wie aus dem Lauf der Zeit gefallen. Wer denkt da nicht gleich an Sommerfrische?

Allein das Wort löst bei vielen Menschen Sehnsüchte aus. Unterscheidet sich diese doch von einem Urlaub, wie wir ihn heute kennen, im Wesentlichen durch die Faktoren Zeit und Ruhe. Beide sind bekanntlich Mangelware geworden. Sommerfrischler begaben sich während der Sommermonate aufs Land und genossen lange Spaziergänge, Stadtkinder fanden in den Dörfern ein zweites Zuhause, und Arbeitende, die unter der Woche in die Stadt mussten, genossen die Erholung zumindest an den Wochenenden.

Ende des 19. Jahrhunderts kam die Eisenbahn ins Kamptal, das von Wien aus plötzlich in greifbare Nähe rückte. Die Prominenz reiste ins nahe Gars.

Nicht nur Operettenkomponist Franz von Suppé, sondern auch Künstler und Schriftsteller suchten Erholung und Inspiration in ihren Sommerfrische-Villen. Immer mehr Menschen zog es in diese Landschaft mit ihrem warmen pannonischen Klima. Wer braucht schon das Meer, wenn es einen idyllischen Fluss gibt, der sich ideal zum Baden eignet? Das Wasser des Kamp erreichte bis zu 25 Grad. Samtig weich gab der lehmige Flussboden unter den nackten Füßen nach. Entlang des Tales entstand eine Riviera. Einige Gemeinden legten Flussbäder an, Ende der 1920er Jahre schließlich auch Plank – für Sommerfrische-Nostalgiker ein Glücksfall. Während einige Bäder im Laufe der Zeit verschwanden oder baulich verändert wurden, blieb Plank im Originalzustand erhalten. Keine Wasserrutschen, kein Betonboden und keine Becken mit Chlorwasser. Wer planschen will, muss in den Kamp. Der ist zwar nach dem Bau der Kamptalstauseen um einige Grade kühler als noch vor 100 Jahren, dem Badevergnügen tut das aber keinen Abbruch.

Adresse Kamptalstraße 3, 3564 Plank am Kamp | **Anfahrt** B 34 bis Plank am Kamp | **Öffnungszeiten** Das Strandbad ist öffentlich zugänglich. Der Strandheurige »Das Bachmann« hat von Mai bis September von 10 bis 19 Uhr geöffnet. | **Tipp** Die geografische Nähe zum Weinviertel ist in der Planker Kellergasse sichtbar. Zwar wurde der Weinbau bereits eingestellt, aber die Presshäuser und Weinkeller sind noch gut erhalten.

78_Das Epitaph

Ehefrau im Zombie-Look

Schönheit ist vergänglich. Die Vergänglichkeit wiederum hat manchmal ein richtig hässliches Gesicht. Auf dem Grabstein der Anna Gold hinter der letzten Reihe der Kirchenbänke ist das in kunstvoller Form zum Ausdruck gebracht. Es ist ein mit Muskeln und Haut überzogenes Gerippe zu sehen, auf dem dicke Kröten sitzen, eine sogar im Schambereich. Um einen Arm windet sich eine Schlange, eine andere hat sich gar durch den Schädel gebohrt. Rechts und links wird das schaurige Szenario von den Familienwappen der im September 1541 Verstorbenen flankiert.

Anna Gold war die Ehefrau des Verwalters von Schloss Pöggstall. Die adelige Familie genoss hohes soziales Prestige, ihre Mitglieder durften sich direkt neben den Gutsherren zur letzten Ruhe betten. Kunsthistorisch betrachtet ist die explizite Darstellung der Auflösung des Menschen mit derart verspielten Figuren ein Brückenschlag von der Gotik in die Renaissance.

Seit jeher gibt es wilde Spekulationen darüber, wie es zur Entstehung des Epitaphs kam. Die Pöggstaller Kirchenführer erzählen gern die Geschichte von der Rache des Ehemanns. Anna Gold soll ihren Gatten betrogen haben. Weil dieser ihr den Ehebruch auch im Tod nicht verzeihen konnte, ließ er seiner Frau ein derart hässliches Denkmal anfertigen. Eine andere Legende besagt, dass Anna Gold außergewöhnlich hübsch, aber auch eitel und eifersüchtig gewesen sei, sodass ihr Ehemann sie zur Demut bewegen wollte, indem er das Epitaph schon zu Lebzeiten im Schlafzimmer aufstellen ließ. Beide Geschichten gehören mit Sicherheit ins Reich der Legenden.

Von dem morbiden Charme des Grabdenkmals ist außerhalb der Kirche nicht mehr viel zu spüren. Sankt Anna steht, wie schon der Name sagt, ganz allein im Felde. Dass die Kirche so hoch mit Kletterpflanzen bewachsen ist, liegt daran, dass sie fast 100 Jahre leer stand, ehe man sie Anfang des 20. Jahrhunderts wieder zu nutzen begann.

Adresse Sankt Anna im Felde, Sankt-Anna-Weg, 3650 Pöggstall | **Anfahrt** B 216 bis Pöggstall, abzweigen auf den Sankt-Anna-Weg und der Straße bis zum Ende folgen | **Öffnungszeiten** Besichtigung nach Vereinbarung, Informationen im Pfarramt unter Tel. +43/(0)2758/2245 | **Tipp** Neben dem Schloss Pöggstall befindet sich ein seltenes und schönes Beispiel eines Kanonenrondells – ein Café lädt dort zum Verweilen ein.

79_Der erste Erdäpfelacker

Vom dämonischen Gewächs zum Grundnahrungsmittel

Auf den Feldern, die sich über die weitläufigen Hügel ziehen, hat der landwirtschaftliche Anbau des Erdapfels in Österreich begonnen. In mittelalterlichen Schenken servierte man weder Erdäpfelschmarrn noch Bratkartoffeln. Das viertwichtigste Grundnahrungsmittel der Welt fand seinen Weg nach Europa erst durch spanische Eroberer. Die lernten die »mehligen Wurzeln« bei den Einwohnern Südamerikas kennen und nutzten sie auf der Heimfahrt als Proviant. Die Knollen, die es bis ans Festland geschafft hatten, wurden zunächst nur als Zierpflanzen in fürstlichen Lustgärten angebaut. 100 Jahre später begann man in Klosterküchen mit Erdapfelspeisen zu experimentieren. Obwohl man langsam seinen Wert begriff, war der Erdapfel ein Politikum, da er nicht der Zehntpflicht unterlag und somit den Gutsherrschaften keine Steuern einbrachte.

Herrscherin Maria Theresia ordnete in ihrem ersten Amtsjahr 1740 den Anbau des Knollengemüses an. Die Wahl für den ersten österreichischen Erdäpfelacker fiel auf Pyhrabruck, wo der Boden bis heute gute Bedingungen bietet. Damals trauten viele Bauern dem Nachtschattengewächs nicht über den Weg, sagten ihm dämonische Qualitäten nach und gaben ihm die Schuld an Krankheiten. Mancher Pfarrer predigte gegen das »lüsterne Gewächs«. Schlechte Ernten, damit verbundene Hungersnöte und der bayerisch-österreichische Erbfolgekrieg, in dem man sich gegenseitig die Erdäpfelernte streitig machte, führten rasch zu einem Umdenken, und der Pro-Kopf-Verbrauch an Erdäpfeln stieg auf eine Rekordhöhe von 200 Kilogramm an.

Das Lainsitztal gilt heute als Wiege des Erdapfels. Daran erinnert die weiße Erdäpfelblüte im Wappen der Gemeinde Unserfrau-Altweitra, zu der das kleine Pyhrabruck gehört. Die Bauern der Region haben sich zu einer Arbeitsgemeinschaft zusammengeschlossen und vermarkten ihre »Erpfi«, wie man sie in der Region nennt, nun gemeinsam.

Adresse 3970 Pyhrabruck | Anfahrt B 41 bis Weitra, dann auf die L 8282 und die L 71 bis Pyhrabruck | Tipp Überqueren Sie die Landesgrenze und unternehmen Sie eine Wanderung durch das nahe gelegene Theresiental – ein Rundweg führt vorbei an den ehemaligen Kurbauten der Gräfin Buquoy zu einem zehn Meter hohen, künstlich angelegten Wasserfall.

80_Das Einbruchhaus

Beginn einer kriminellen Karriere

Historisch gesehen ist er die schillerndste Figur des Waldviertels: der Räuberhauptmann Grasel. Geächtet als Schwerverbrecher, posthum verehrt als Robin Hood, wurden ihm 205 Verbrechen vom Einbruch bis zum Raubmord zur Last gelegt. Am 31. Jänner 1818 starb er in Wien am Galgen. Dass sein Leben viele Fragen nach sozialer Ungerechtigkeit aufwirft, erzählt schon die Geschichte seines ersten Einbruchs.

Europa war zu Beginn des 19. Jahrhunderts geprägt von Kriegen und Unsicherheit. Der Französischen Revolution folgten die Napoleonischen Kriege und der Zusammenbruch des Heiligen Römischen Reiches. Soldaten waren omnipräsent. Die Grasels waren Abdecker, entsorgten und verwerteten Tierkadaver. Obwohl dieser Beruf im Hinblick auf die Seuchenvorsorge notwendig war, galt er als unehrlich. Abdeckerfamilien waren vom sozialen Leben ausgeschlossen, ihre Häuser lagen außerhalb der Dorfgrenzen.

In diese Situation hinein wurde Johann Georg Grasel geboren. Die Familie hatte mit bitterer Armut zu kämpfen, der Vater saß wiederholt im Gefängnis. Johann Georg lernte nie lesen und schreiben, galt aber als äußerst intelligent. Auf einer Bettelwanderung lernte Mutter Grasel den Pfannenflicker Piringer kennen, der einen Einbruch in Raabs plante, und drängte ihren eigenen Sohn, dabei mitzumachen. So kam es, dass am 17. März 1806 der erst 16-jährige Johann Georg und der gleichaltrige Klampfererwastl Schmiere standen, während der Piringer in das Haus gegenüber dem Pfarrhof einstieg. Als Lohn gab es Leintücher und Bettzeug.

Kaum war Grasel senior aus der Haft entlassen, unternahmen Vater und Sohn gemeinsame Einbrüche. Wenig später machte sich Johann Georg selbstständig und durchlebte eine zeitweilig hemmungslose Verbrecherlaufbahn, bis ihn eine List zu Fall brachte. Kurz nach seinem Tod begann sich die Situation in Europa mit dem Wiener Kongress langsam wieder zu beruhigen.

Adresse Oberndorf 8, 3820 Raabs an der Thaya | **Anfahrt** B 30 bis Raabs, abzweigen auf die Schloßstraße, dann rechts in Richtung Kirche und Pfarrhof | **Öffnungszeiten** nur von außen zu besichtigen | **Tipp** Nur wenige Schritte entfernt liegt die Burg Raabs. Der imposanteste Anblick der Burg, die hoch über der Stadt auf einem Felsen thront, eröffnet sich von der Thayabrücke aus.

81__Das inszenierte Dorf

Träume werden Wirklichkeit

Radessen hat gerade einmal sieben Einwohner, und die sind meist nur am Wochenende da. Richtig belebt ist es im Frühjahr, wenn das kleine Dorf zur großen Bühne wird. Man geht von Haus zu Haus und hat die Wahl zwischen Theateraufführungen, Performances und Konzerten – manche finden sogar im Kuhstall statt.

Der Regisseur all dessen ist Stephan Rabl. In seiner Kindheit war der Eiserne Vorhang nah und die nächste größere Stadt weit weg. Im Dorf gab es schon damals nur wenige Menschen. Die daraus entstehende »positive Langeweile«, wie Rabl es beschreibt, war der Nährboden für Phantasie und Kreativität. Eines Tages lag er im Bett, schaute durch das Fenster in den Hof und sah vor seinem inneren Auge eine Herde Giraffen vorbeiziehen – ein Bild, das ihn seither begleitet.

Mit 16 Jahren verließ er Radessen, wurde Clown und später eine Schlüsselfigur in der Theaterszene. So ganz ließ ihn das Waldviertel nie los. Also gründete er dort das internationale Theaterfestival mit dem Fokus auf junges Publikum und gab ihm den Namen »Szene Bunte Wähne«. Entscheidendes Kriterium: Die Produktionen haben stets einen Bezug zur Region. In diesem Sinne kam Rabl vor wenigen Jahren die Idee, das Dorf seiner Kindheit zur Bühne und den eigenen Hof zur Festivalzentrale zu machen und Künstler aus aller Welt dorthin zu holen. Gesagt, getan.

Nachdem die Gruppe IYASA aus Simbabwe mit den Einheimischen einmal eine Nacht lang gesungen und getanzt hatte, schenkte der Feuerwehrhauptmann eines benachbarten Dorfes den Künstlern als Zeichen der Freundschaft seinen Helm. Davon inspiriert, gründeten Rabl und IYASA die Freiwillige Feuerwehr Radessen in Form eines Sing-Tanz-Theaterstücks.

Die Welt des Stephan Rabl ist ein bunter Ort der Toleranz und Verständigung. Was er sich als Kind erdacht hat, setzt er nun in Szene und bringt damit Menschen zusammen, die sich ansonsten vielleicht nie begegnen würden.

Adresse 3762 Radessen | Anfahrt B 4 bis Pernegg, L 42 bis Irnfritz, abzweigen auf die L 52 und auf der L 60 nach Radessen | Tipp In Trabenreith sieht man rot: Im privat geführten Ziegelmuseum zeigt Herr Kranzl seine beachtliche Sammlung an gebrannten Backsteinen.

82 Das Blockmeer Schütt

Wo Riesen ein Bad nehmen

In einem stillen Tal, fernab von Dörfern und Städten, versteckt sich zwischen den Bäumen ein Meer aus riesigen Felsen. Nein, es handelt sich hierbei nicht um den Anfang einer Sage und auch nicht um die Beschreibung eines Ortes aus J. R. R. Tolkiens Mittelerde. Das Blockmeer gibt es wirklich, nur dass es sich dabei eher um einen Fluss handelt.

Die Schütt ist ein Abschnitt des Kleinen Kamp, der über mehrere hundert Meter mit Granitfelsen bedeckt ist. Wenn es gelegentlich plätschert, lässt sich erahnen, dass darunter Wasser fließt. An den dicht von Felsen in allen Größen und Formen verschütteten Stellen ist das Flussbett auch aus der Nähe nicht zu erkennen. Die Farne und Sträucher haben schon einen Teil der felsigen Landschaft erschlossen. Nur bei starkem Regen oder Schneeschmelze wird es laut und nass auf den bemoosten Steinblöcken, und das Wasser zischt mit dramatischen Kaskaden ins Tal.

Die Steinblöcke wurden nicht von sich zurückziehenden Gletschern abgelegt, sondern sind durch eine spezielle Form der Verwitterung entstanden. Das heutige Granit- und Gneishochland im Waldviertel ist das älteste Gebirge Österreichs. Als es sich vor 350 Millionen Jahren auffaltete, ragten die Gipfel noch ein paar tausend Meter in die Höhe. Allmählich ließ der Druck von unten nach, und es entstanden Entspannungsrisse im Gestein, die große Blöcke formten. Das eindringende Regenwasser begann mit der Zersetzung. Wo Wasser und Säuren mehr Angriffsfläche hatten, rundeten sie die Kanten ab. Im Laufe der Zeit wurden die felsigen Riesen, die aussehen wie Polster, Matratzen oder Knödel, freigelegt. In früheren Zeiten erinnerten sie die Menschen an mit Wolle gefüllte Säcke, die man als Schlafunterlage verwendete. Deshalb begann man von der »Wollsackverwitterung« zu sprechen. Am Rande der Schütt liegen die steinernen Polster wie von Menschenhand gestapelt aufeinander und bilden riesige Türme.

Adresse Grünbach, 3911 Rappottenstein | **Anfahrt** L 124 bis Rappottenstein und weiter nach Grünbach, beim Ferienhof Stanzl links abbiegen auf den Güterweg Ödmühle, nach der kleinen Brücke parken, dann zu Fuß dem Flussverlauf folgen | **Tipp** Vom Blockmeer führt der Weg weiter zum Lohnbachfall. Ein Besuch lohnt sich besonders nach starkem Regen, dann wird der sonst kaum sichtbare Wasserfall zu einem wahren Naturschauspiel.

83 Die Burg Rappottenstein

Happy Birthday, John Huston!

Wer sich nicht schon in der malerischen Landschaft wie im Mittelalter fühlt, wird es spätestens beim Durchschreiten der acht Tore und fünf Vorhöfe tun. Die massiven Mauern stehen auf noch massiveren Felsen. Obwohl mehrmals im Laufe der Geschichte belagert, wurde die klug konstruierte Anlage nie eingenommen – außer ein einziges Mal, aber das geschah nur im Film.

Das mittelalterliche Flair lockte Hollywood-Legende John Huston für Dreharbeiten nach Rappottenstein. In dem historischen Drama »Eine Reise mit der Liebe und dem Tod« erzählt er die Geschichte eines jungen Liebespaares in den Wirren des Hundertjährigen Krieges. Gleich zu Beginn gewährt ein Gutsherr einem Reisenden Unterkunft. Hier hat die Burg Rappottenstein ihren Auftritt. Ehe der junge Mann weiterzieht, signalisiert ihm Claudia, die Tochter des Hauses, ihre Verbundenheit. Einige Tage später erfährt er, dass Claudias Burg von aufständischen Bauern gestürmt wurde. Er kehrt um, die beiden finden sich und fliehen durch das kriegsgeplagte Land. In der Rolle Claudias gab John Hustons damals 17-jährige Tochter Anjelica ihr Leinwanddebüt, ehe sie selbst zum Hollywoodstar avancierte.

Während der Dreharbeiten im August 1968 hatte Huston seinen 63. Geburtstag. Bei einer ausgelassenen Feier im Burggarten erlebte Johannes Abensperg und Traun den sonst so konzentrierten Regisseur erheitert im Kreis seines Teams. Der langjährige Burgbesitzer war als Statist mit dabei. Glanz und Gloria der Filmwelt konnten ihn nicht begeistern, er schlug eine Karriere als Wirtschaftsjurist ein. Weil er selbst eine schöne Kindheit auf der Burg verbracht hatte, wollte er auch anderen Kindern eine gute Zeit dort ermöglichen. Sein Sohn Benedikt und er schufen zusammen mit dem Roten Kreuz, wo sie freiwillige Mitarbeiter sind, das Projekt Kinderburg. Es bietet Familien mit schwer kranken Kindern Rückzug und Erholung in den schützenden Mauern.

Adresse Rappottenstein 85, 3911 Rappottenstein | Anfahrt L 124 bis Rappottenstein, abbiegen auf die L 7176 und vor Pfaffendorf rechts abbiegen | Öffnungszeiten Besichtigungstermine mit Burgführung unter www.burg-rappottenstein.at | Tipp Nehmen Sie bei der Wanderung auf den Guttenberg einen Rosenkranz mit! Laut einer Sage wartet dort nämlich eine Frauengestalt auf ihre Erlösung – bisher leider vergeblich. Wenn sie Ihnen begegnet, zücken Sie den Rosenkranz und werfen Sie ihn vom Gipfel in die Wälder hinab.

84__Der Stammplatz

Wo Peter Alexander am liebsten speiste

Der Tisch in der Ecke mit der Pendeluhr hat eine besondere Anziehungskraft. Dort hängt ein Porträt von Peter Alexander. Es ist nicht Ausdruck von Fan-Kult, sondern eine echte Erinnerung an den beliebten Entertainer, der hier gern mit seiner Familie einkehrte, um zu speisen, und dabei stets diesen Platz bevorzugte.

Während Alexander zum gefragten Star wurde und laufend an neuen Filmen und Liedern arbeitete, genoss er mit seiner Frau Hilde und den Kindern an den Wochenenden gern die Ruhe des Waldviertels. Die Fischgewässer am Kamp nahe Rappottenstein lockten den leidenschaftlichen Angler, der in der Natur seinen Ausgleich fand. In seinen Liedern sang er von Lokalen wie dem »kleinen Beisl« und dem »weißen Rössl«. Das Gasthaus Rotheneder aber schätzte er privat. 1960 – in dem Jahr, als Peter Alexander im Film »Kriminaltango« an der Seite von Vivi Bach in den Kinos zu sehen war – übernahm Johann Rotheneder das Gasthaus von seinem Vater. Im Juli war die prominente Familie wieder zu Gast, da nahm Peter Alexander das Gästebuch zur Hand und schrieb aus dem Stegreif ein Gedicht – eine Liebeserklärung an sein Waldviertler Lieblingswirtshaus. Wann immer sie im nahen Nondorf nächtigten, kehrten die »Alexanders« zum Essen ein. Um ein Haar hätten sie ein eigenes Haus im Waldviertel gebaut.

Nicht nur der Entertainer liebte die Atmosphäre in dem Gasthaus, das sich seit 300 Jahren nahezu lückenlos im Familienbesitz der Rotheneders befindet. Es gibt Stammgäste, die schon in dritter Generation kommen, manche bleiben im Sommer einen Monat lang. Dieter Rotheneder führt das Gasthaus mit ruhiger Hand weiter und erhält das nostalgische Flair vergangener Tage, das an seinen Vater, den beliebten Wirt, und Peter Alexander, den großen Unterhaltungskünstler, erinnert.

Wer die Gaststube betritt, hat das gleiche Bild vor Augen wie damals Peter Alexander. Die Einrichtung aus den 1950er Jahren ist noch immer im Originalzustand.

Adresse Rappottenstein 35, 3911 Rappottenstein | **Anfahrt** L 124 bis Rappottenstein, Gasthaus Rotheneder direkt an der Hauptstraße | **Öffnungszeiten** Di–Sa 11.30–14 und 18–20 Uhr, So 11.30–14 Uhr | **Tipp** Von Lembach aus gelangt man nach etwa 20 Minuten Gehzeit zu einem beeindruckenden natürlichen Steinbogen aus Granit.

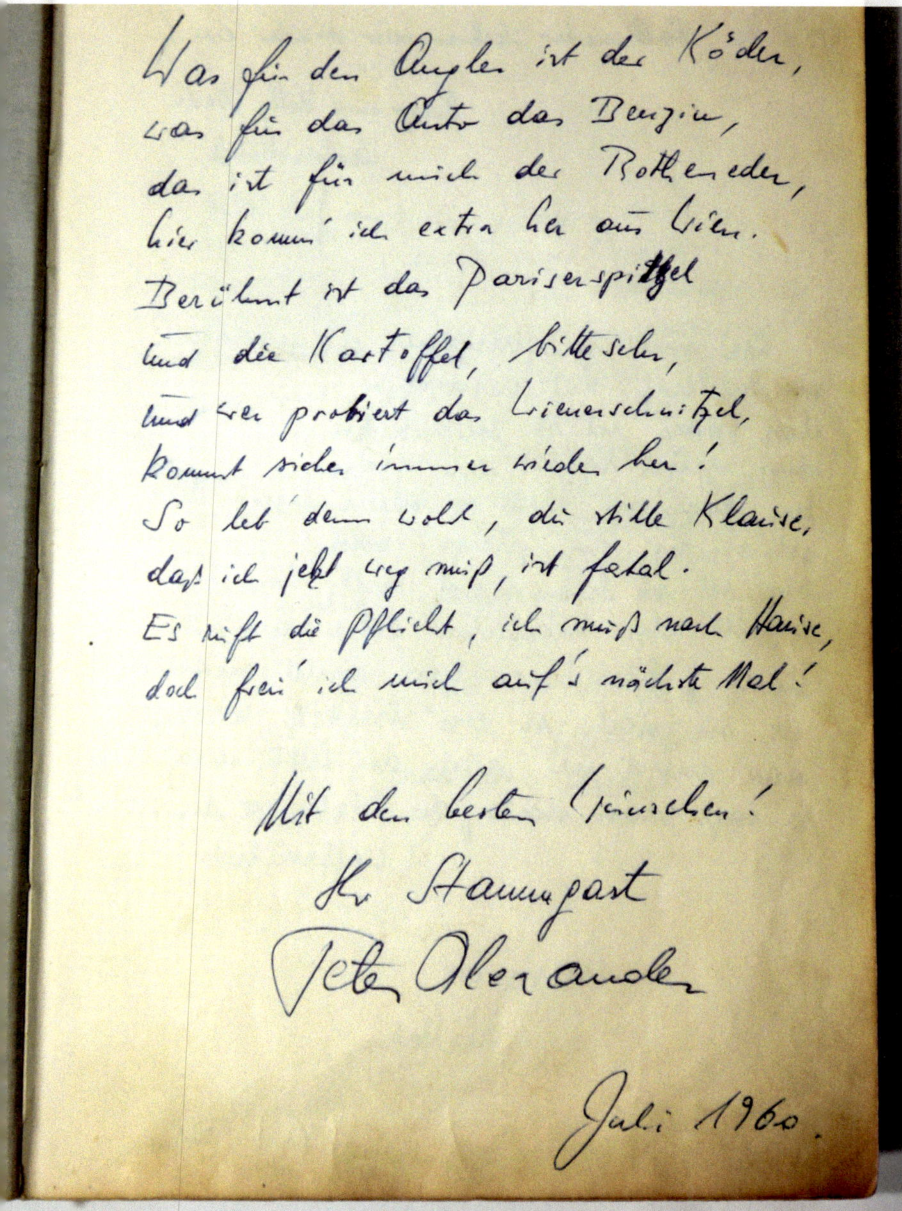

Was für den Angler ist der Köder,
was für das Auto das Benzin,
das ist für mich der Rotheneder,
hier komm' ich extra her aus Wien.
Berühmt ist das Pariserschnitzel
und die Kartoffel, bitte sehr,
und wer probiert das Wienerschnitzel,
kommt sicher immer wieder her!
So leb' denn wohl, du stille Klause,
daß ich jetzt weg muß, ist fatal.
Es ruft die Pflicht, ich muß nach Hause,
doch freu' ich mich auf's nächste Mal!

Mit den besten Wünschen!
Ihr Stammgast
Peter Alexander

Juli 1960.

85_Die Hoarstubn

Hanf mit Tradition

Was ist eine Hoarstubn? Am ehesten klingt es nach einem jener Friseursalons mit besonders kreativen Namen. Dabei hat das Gebäude mit menschlichem Haar an sich wirklich gar nichts zu tun. Die dicken blonden Büschel, die dort in längst vergangenen Zeiten herumlagen, waren aus Flachs- oder Hanffasern.

Hoarstubn waren in der Nähe von Waldviertler Bauernhöfen zu finden. Darin wohnten und arbeiteten die Bediensteten der Bauern. Manchmal erhielten sie neben der Hoarstubn als Lohn ein Stück Land und durften dort selbst Tiere halten. Die einfachen Häuschen hatten ein charakteristisches Aussehen: Strohdach, niedrige Sockelmauern und dunkle Holzblockwände. Im Laufe der Zeit brannten die meisten ab, verfielen oder wurden abgerissen. Eine letzte Hoarstubn ist erhalten geblieben. Zwischen Mai und September wuchs auf den Feldern der Hanf. Nach der Ernte waren die Hoarstubn bis oben hin voll mit Hanffasern, die dort zum Trocknen auslagen. Es muss ganz schön eng gewesen sein für die Bewohner dieser niedrigen, kleinen Häuschen, vor allem als die Verarbeitung begann. Mit Hilfe von Spinnrädern wurden die Fasern zu Fäden gesponnen. Daraus drehte man Seile, webte Stoffe oder strickte warme Kleidung. Papier, Baumaterial, Öl, Dämmstoffe – eigentlich konnte aus den Wunderfasern fast alles für den täglichen Gebrauch hergestellt werden. Hanftaschen, heute wieder hip, waren damals aufgrund ihrer Stabilität besonders beliebt.

Die Kulturpflanze Hanf stammt aus China und wurde dort schon vor 5.000 Jahren intensiv genutzt, ehe sie die Welt eroberte. Vor 100 Jahren noch war der Hanf mit seinen charakteristischen Blättern überall im Waldviertel zu finden, bevor er von der Baumwolle und billigeren Naturfasern zunächst verdrängt, letztlich aber von Gesetzes wegen verboten wurde. Erst seit dem Beitritt zur Europäischen Union im Jahr 1995 darf in Österreich wieder Nutzhanf angebaut werden.

Adresse 3863 Reingers | **Anfahrt** L 8179 nach Kleinhirschenschlag, rechts abzweigen auf die Straße Lange Wiesen, dann auf dem Wanderweg 51 in Richtung des Braunaubaches gehen | **Tipp** Im Hanfdorf Reingers erfahren Sie mehr über die vielfältigen Einsatzmöglichkeiten von Hanf. Probieren Sie die köstlichen Hanfzelten!

86__Das Geisterschloss

Von väterlichen und von kopflosen Gespenstern

Alte Gemäuer, knarzende Dielen, ein kalter Lufthauch, flackerndes Kerzenlicht. Das sind die Szenerien, in denen Gespenster in Gruselgeschichten gern Nichtsahnenden auflauern, um sie im nächsten Moment ohne jede Rücksicht zu erschrecken. In Wahrheit ist es ganz anders, denn Gespenster waren auch nur Menschen, und wenn sie sich aus der Deckung wagen, dann mit gutem Grund.

Octavian Pilati besitzt das geschichtsträchtige Schloss Ruegers, in dem bereits Herrscherin Maria Theresia gern Rast machte. Bevor das prächtige Barockschloss gebaut wurde, stand schon eine Burg. Sie gehörte den Grafen Hardegg. Einer von ihnen diente in der habsburgischen Armee und übergab im Langen Türkenkrieg Ende des 16. Jahrhunderts dem osmanischen Heer eine strategisch wichtige Festung. Für die Kapitulation kam er vor das Kriegsgericht und wurde in Wien enthauptet.

Octavian Pilati war fünf Jahre alt, als er an einem nebligen Abend aus dem Fenster seines Zimmers schaute und ihm ein Mann auffiel. Gekleidet in Brustpanzer und langen Mantel, am Gürtel ein Schwert, ging er zielstrebig auf das Schloss zu. Das Seltsame an ihm: Er hatte keinen Kopf. Der Ritter warf die Arme in die Höhe, das Tor öffnete sich, und er verschwand. Der junge Pilati erzählte die Geschichte seiner Mutter, und die staunte nicht schlecht, kannte sie doch ähnliche Geschichten von einem Verwandten, dem der Kopflose als Kind ebenfalls erschienen war.

Sein Refugium muss sich der Kopflose mit einem sorgsamen Geist teilen. Im Eckzimmer ist Fürst Johann Carl Khevenhüller gestorben. Er und seine Frau lebten Ende des 19. Jahrhunderts und litten unter Kinderlosigkeit, weshalb sie sich 18 Hunde anschafften, die unterhalb im Garten begraben sind. Wie gern Johann Carl ein Kind gehabt hätte, zeigt er seinen Nachfahren, indem er jedes Mal wenn ein Kind in der Familie geboren wird, erscheint, um es anzuschauen.

Adresse Schloss Ruegers, 2092 Riegersburg | Anfahrt B 303 bis Guntersdorf, von dort der B 30 folgen bis Riegersburg, die zweite Straße rechts abbiegen | Öffnungszeiten Führungen unter www.schlossruegers.at | Tipp Im nahen tschechischen Ort Lesná u Znojma können Sie in einer Windmühle gute Palatschinken essen.

87_Der Hundertwasser-Pyjama

Ein Dorf und sein liebster Künstler

Der Künstler Friedensreich Hundertwasser beeinflusste mit seinen Ideen Menschen auf der ganzen Welt. Mitte der 1960er Jahre suchte er den Einklang mit der Natur und fand ihn in der alten Hahnsäge am Kamp, drei Kilometer von der 200-Seelen-Gemeinde Roiten entfernt. Anfangs war er den Einheimischen suspekt, trug er doch meist zwei verschiedene Socken, lag im Winter gern im Freien und ging im Sommer nackt baden. An manchen Tagen sah man ihn nur im Pyjama.

Es dauerte nicht lange, dann entwickelten die Menschen Sympathien für den Künstler, der keine Scheu hatte, sich im Wirtshaus zum Stammtisch dazuzusetzen oder um Hilfe zu fragen, wenn er sie brauchte. Vor allem seine Bescheidenheit beeindruckte, lebte er in der Hahnsäge doch nur mit dem Nötigsten, ohne Strom und fließendes Wasser. Wenn er auf seinen anderen Wohnsitzen war, schrieb er seinen Freunden im Dorf regelmäßig Postkarten.

Mitte der 1980er Jahre beschlossen die Bürger von Roiten, ein Dorfmuseum zu errichten. Hundertwasser war davon begeistert, hielt eine Rede, in der er die Emanzipation des kleinen Roiten als Beispiel für die ganze Welt hervorhob, und entwarf ein Ortswappen. Die handschriftlich von ihm verfassten Baurichtlinien sind wunderbar zu lesen und spiegeln seine Philosophie wider: Mauern sollten wie bei alten Bauernhäusern nach Augenmaß aufgestellt und der Putz uneben aufgetragen werden. Schließlich gestaltete er die Fassade und trug die für ihn typischen Säulen für den Eingang bei.

Als der Künstler im Jahr 1998 Roiten in Richtung Neuseeland verließ, gab er dem Tischler Neulinger eine Kiste mit persönlichen Gegenständen zur Aufbewahrung. Während der Rückreise verstarb Hundertwasser auf dem Schiff. In der Kiste fand man seinen oft getragenen Pyjama. Das Hoidahaisl, wo dieser neben anderen Erinnerungsstücken zu sehen ist, kam im Jahr 2010 zum Museum dazu.

Adresse Roiten 9, 3911 Roiten | **Anfahrt** B 36 bis Frankenreith, dort auf die L 77 bis Roiten, nach Überquerung des Roitenbachs bei der Hundertwasser-Säule einbiegen | **Öffnungszeiten** Mai–Sept. Fr–So und Feiertage 14–16.30 Uhr | **Tipp** Eine Wanderung flussaufwärts führt Sie durch eine wunderschöne Flusslandschaft mit Sandbänken, glatt geschliffenen Felsen und kleinen Inseln bis zur Hahnsäge, in der Friedensreich Hundertwasser gelebt und gearbeitet hat.

88__Das Gasthaus Perzy

Schlachtfeld mit Nostalgiefaktor

Urig ist es in der Gaststube. Das nackte Ofenrohr und die Holzsessel erinnern an Großmutters Küche. Auf der Schank steht ein altes Radio, und die Wände sind bis auf halbe Höhe mit dunklem Holz vertäfelt. Das schmiedeeiserne Stammtischschild ist das Symbol schlechthin für endlose Nächte beim Kartenspiel. Die alte Einrichtung strahlt Behaglichkeit aus. Dabei ging es früher in Waldviertler Dorfwirtshäusern gelegentlich auch rau zu. Nicht selten flogen die Fäuste, wenn sich die angetrunkenen Herrschaften uneins waren. Bevorzugt fanden solche Raufereien als unerwünschtes Rahmenprogramm zu Kirtagen oder Dorffesten statt.

Das Gasthaus Perzy hat diesbezüglich ein richtiges Armageddon erlebt. Am 19. Juni 1951 feierte man das Bäumchensetzerkränzchen, das jährlich begangen wurde, wenn die Jungbäume gepflanzt waren. Zum Fest erschienen Arbeiter aus dem benachbarten Illmanns. Die Neuankömmlinge weigerten sich vehement, den Eintritt von drei Schillingen zu zahlen, und wurden gebeten, das Lokal umgehend zu verlassen. Das ließ die Männer unbeeindruckt. Einige der Anwesenden wollten mit Gewalt nachhelfen. Ein Handgemenge entwickelte sich zu einer handfesten Schlägerei, in die immer mehr Festgäste hineingezogen wurden.

Es dauerte Stunden, bis der Gewaltausbruch beendet war. Das Wirtshaus lag in Trümmern, und einige der Raufbolde waren so schwer verletzt, dass sie ins Krankenhaus gebracht werden mussten. Das Gericht befasste sich noch eine Zeit lang mit dem Fall und sprach sogar bedingte Haftstrafen aus.

Ob ihrer Ausmaße ging die Rauferei als Korea-Schlacht in die Geschichte des Ortes ein. Vermutlich, weil damals gerade der Koreakrieg wütete. Heute ist die Gefahr, in der Gaststube in eine derartige Rauferei verwickelt zu werden, gering. Bei Schönwetter aber ist es ohnehin ratsamer, im rückwärtigen Gastgarten zu sitzen und über die friedlichen Felder zu schauen.

Adresse Rottal 22, 3874 Rottal | **Anfahrt** L 63 bis Litschau, am Beginn des Stadtplatzes rechts abbiegen auf die Hörmannser Straße, in Haugschlag links abbiegen in Richtung Rottal | **Öffnungszeiten** April–Okt. Do–Sa ab 17 Uhr, So und Feiertage ab 11.30 Uhr | **Tipp** In Rottal befindet sich der nördlichste Punkt Österreichs. Folgen Sie dem Eisenwurzen-Wanderweg bis zur Mündung des Grenzbaches und blicken Sie vom »Nordkap Österreichs« über die Landesgrenze.

89_Der Totenkopfstein

Im Bann der Geschichte

Wie ein Totenkopf sieht er nicht unbedingt aus. Mehr wie das Haupt eines versteinerten Riesen. Stoisch blickt er in den tiefen Wald hinein. Seine markanten Augenhöhlen wirken unendlich alt. Wenn man ihn umkreist, dann verändert sich sein Gesicht. Einmal wirkt es verschlafen und zerknautscht, dann wieder todernst. Wären diese menschlichen Züge nicht aus Granit, dann hätte der Riese wohl seine Freude daran, zu erfahren, was über die Jahrhunderte alles in ihn hineininterpretiert wurde.

Etwa, dass die Kelten den Platz schon für religiöse Zwecke nutzten. Der 1988 verstorbene Pfarrer und Schalenforscher Hans Wick sah in der zehn Meter hohen Felsgruppe, die neben dem Totenkopf noch aus dem Drachenstein besteht, männliche und weibliche Symbole. Er vermutete, dass die Ausbuchtungen im Stein von Menschenhand geschaffen wurden, und nannte die Formation »Leben und Tod«.

An der Rückseite führt eine Treppe auf die Gesteinsformation. Wer sie erklimmt, kann in die Blickrichtung der Augenhöhlen schauen: Norden. Weil sich in deren Mythologie im Norden ein Totenreich befindet, kam die Theorie auf, dass der Totenkopfstein ein Kultplatz der Germanen war. Diese hatten recht komplizierte Vorstellungen vom Leben nach dem Tod. Gefallene Krieger kamen nach Walhall zu Odin, dem Allvater. Der teilte die Toten mit seiner Gattin Freya und dem Donnergott Thor. Menschen, die den gewöhnlichen Tod starben, mussten sich auf den Weg nach Helheim machen. Dort regierte die Totengöttin Hel, die nach ihrer Verbannung ein Reich im Norden gründete.

Im 2. Jahrhundert verdrängten die Germanen die Kelten aus dem Waldviertel, das zum Königreich Noricum gehörte. Mehrere germanische Stämme zogen durch das Donautal. In der Gegend um Sankt Oswald sind jedoch keine Spuren aus dieser Zeit vorhanden. So bleibt es ein Rätsel, ob der Totenkopfstein je einem Germanen den Weg in die Unterwelt gewiesen hat.

Adresse 3684 Sankt Oswald | **Anfahrt** B 36 bis Altenmarkt im Yspertal, abzweigen auf die Ysperstraße bis zum Kirchenplatz in Sankt Oswald, hier Startpunkt des Wanderwegs Nummer 11 (Herzsteinweg) | **Tipp** Pfarrer Wicks Sammlung von sakralen und bäuerlichen Gegenständen sowie seine Dokumentation über Schalensteine können Sie im Heimatmuseum Yspertal besichtigen.

90_Der Schaugarten

Arche Noah für Pflanzen

Biblisch ist der Name, und biblisch sind auch die Assoziationen. Das Refugium des Vereins Arche Noah weckt Bilder vom Garten Eden. In allen Farben blüht, rankt, klettert es und wächst in die Höhe. Hinter dem Pavillon, der auf einer Anhöhe inmitten der botanischen Vielfalt steht, wachsen alte Obstsorten.

Der Schaugarten in der barocken Parkanlage von Schloss Schiltern dient der Erhaltung und Vermehrung heimischer Kulturpflanzen. Die wertvolle Arbeit wurde von der UNESCO in die Liste des immateriellen Kulturerbes aufgenommen.

Seit Gründung des Vereins Arche Noah Ende der 1980er Jahre wird Saatgut gesammelt. Bei der Vermehrung arbeitet man nach den alten Prinzipien der Selektion, und das geht von Hand: Die guten ins Töpfchen, die schlechten ins Kröpfchen. Für alte Sorten war es Rettung in letzter Minute, sind durch die Industrialisierung doch mehr als die Hälfte aller Kulturpflanzen verloren gegangen. Pflanzen, die dem Menschen jahrtausendelang nützlich waren, werden nicht mehr gebraucht. Dazu gehört der Färberkrapp. Mit dem roten Farbstoff, der aus seiner Wurzel gewonnen wurde, färbten bereits die Ägypter ihre Kleidung. Seit dieser ab Mitte des 19. Jahrhunderts synthetisch hergestellt wird, ist der Krapp weitgehend verschwunden. Andere Pflanzen sind aus der Mode gekommen oder unpraktisch geworden, wie etwa die vielen Blattgemüsesorten, die einen vorzüglichen Geschmack haben. Ein Geheimtipp für Hobbygärtner!

Das Saatgut selbst befindet sich hinter den Kulissen und wird in einer Samenbank archiviert. Dort befinden sich 6.000 Pflanzensorten. Der Großteil ist Gemüse, gefolgt von Getreide, Mais und Erdäpfeln, Kräutern und Zierpflanzen.

Ein Spaziergang durch den Garten ist wie eine Wiederentdeckungsreise. So wie mancher Botaniker in der Neuen Welt über fremde Pflanzen staunte, kann man heute in der Arche Noah über fast ausgestorbene heimische Kulturpflanzen staunen.

Adresse Obere Straße 40, 3553 Schiltern | **Anfahrt** B 218 bis Langenlois, abbiegen auf die Wiener Straße, dann über die Gföhler Straße, die L 44 und die L 7028 bis Kronsegg, rechts abzweigen auf die Kronsegger Straße bis zum Parkplatz vor dem Schloss Schiltern | **Öffnungszeiten** April–Okt. Di–Fr 10–16 Uhr, Sa 10–20 Uhr, So und Feiertage 10–18 Uhr | **Tipp** Wer noch nicht genug Grün gesehen hat, kann sich in den Kittenberger Erlebnisgärten für die eigene Gartengestaltung inspirieren lassen.

91 Das Marmorkabinett

Den Freimaurern auf der Spur

Ein leerer Raum? Nicht wirklich, denn hier ist alles voll von Andeutungen. Eine in den Holzboden eingearbeitete Sonnenrose, ein unvollendeter Obelisk an der Stirnwand, an seinem Sockel zwei Widderköpfe und ein Weinstock. Das hier ist die geheimnisvolle Welt der Freimaurer und ihrer noch geheimnisvolleren Traditionen. Die schwarze Muschel über dem Fenster steht für die Verschwiegenheit – eines der Versprechen, das sich die Freimaurer gegenseitig geben, um ihre Privatsphäre zu schützen. Das mag dazu geführt haben, dass man der von Steinmetzen in den Dombauhütten des Mittelalters gegründeten Gemeinschaft immer wieder konspirative Tendenzen unterstellte.

Im Museum, das sich in den Logenräumlichkeiten des Schlosses befindet, erklären die Freimaurer ihre der Aufklärung verpflichteten Prinzipien, die mit oft esoterisch und archaisch wirkenden Symbolen und Ritualen verknüpft sind. Eingerichtet hat die Logenräume Graf Christoph von Schallenberg, der Zeremonienmeister am Hof von Maria Theresia in Wien war. Die Kaiserin hatte die Freimaurerei zwar verboten, der liberale Adel war jedoch nur schwer davon abzuhalten. In Rosenau, auf halbem Weg zwischen Wien und Prag, trafen sich Landadelige und durchreisende Brüder. Dass auch Mozart eine Visite abstattete, ist wahrscheinlich, aber nicht belegbar. Nach Schallenbergs Tod gerieten die Räume in Vergessenheit, bis sie in den 1960er Jahren wiederentdeckt wurden, was sie zu den ältesten rituellen Räumlichkeiten des Geheimbundes in Festland-Europa macht.

Wenn die Museumsbesucher das Schloss verlassen, dann treffen sich die Freimaurer darin. Bevor die rituellen »Arbeiten«, wie sich die Zusammenkünfte nennen, stattfinden, sammelt man sich im »Raum der verlorenen Schritte«. Der Alltag wird abgestreift, die freimaurerische Kleidung, die aus Schurz, Logenabzeichen und Handschuhen besteht, angelegt. Von dort geht es in den Tempel.

Adresse Schloss Rosenau 1, 3924 Schloss Rosenau | **Anfahrt** B 38 bis Dietmanns bei Groß Gerungs, abzweigen auf die L 74, nach Niederneustift rechts abbiegen auf die Straße Schloss Rosenau, der Straße bis zum Schloss folgen | **Öffnungszeiten** April – Okt. täglich 9 – 17 Uhr | **Tipp** In einem nahen Wald steht eine Steinpyramide von sieben Metern Höhe. Wer sie wann errichtet hat, ist unklar – manch einer sieht eine Verbindung zur Freimaurerloge im Schloss Rosenau.

92 Das Arbeitshunde-Museum

Vier Pfoten für ein Fass Butter

»Jeden Tag zog Murl allein das Gespann mit den Milchkannen zur Annahmestelle und kam nach getaner Arbeit zurück. Auf ihn war zu 100 Prozent Verlass.« Geschichten wie diese von arbeitenden Hunden werden Edith Schebor gern zugetragen.

Hunde assistieren Menschen mit Einschränkungen, erledigen Suchaufträge und bewachen Grundstücke. Im hohen Norden werden ihnen Geschirr und Leinen angelegt, damit sie Schlitten ziehen und Menschen und Lasten transportieren. Dass Hunde auch in Mitteleuropa ähnliche Arbeiten verrichtet haben, ist in Vergessenheit geraten. Das hat Edith Schebor gestört. Denn bis Ende der 1960er Jahre schufteten Hunde überall in Mitteleuropa auf den Feldern und wurden auf den Straßen als Zug- und Lasttiere eingesetzt. Um dieses vergessene Kapitel einer engen Mensch-Tier-Beziehung zu dokumentieren, hat sie den Wirtschaftsteil ihres alten Hofes zu einem Museum umfunktioniert.

Die Hundefreundin verließ in den 1980er Jahren Wien und zog in das abgelegene Dorfstadt. Nur umgeben von Wald und ein paar Höfen widmete sie sich der Textilverarbeitung. Ihren täglichen Weg zur Post in Schönbach legte sie mit einem Wagen zurück, der von ihren Hunden gezogen wurde. Er steht im Museum neben historischen Fuhrwerken, Schlitten und Hundegeschirren, die in der Stadt und am Land zum Einsatz kamen. Dass der Hund das Pferd des armen Mannes war, widerlegt ein Bild einer fein gekleideten Dame, die in einer Kutsche zur Teegesellschaft fährt – gezogen von ihrem Hund.

Eines der skurrilsten Ausstellungsstücke ist eine Maschine zur Butterproduktion. Das Patent aus den USA wurde bei der Wiener Molkereiausstellung im Jahr 1872 gezeigt. Über ein Laufrad wird ein Stößel betrieben, der die Milch im Fass zur Butter schlägt. Die Maschine wurde in Europa zum Kassenschlager.

Adresse Dorfstadt 10, 3633 Schönbach | Anfahrt B 36 bis Ottenschlag, abzweigen auf die L 78 bis Dorfstadt | Öffnungszeiten Mitte Mai–Mitte Sept. So und Feiertage 13–16 Uhr und nach Voranmeldung, Mitte April–Mitte Mai sowie Mitte Sept.–Mitte Okt. nach Voranmeldung unter Tel. +43/(0)2827/358 | Tipp Kaum zu glauben, dass durch den Weinsberger Wald einst eine 31 Kilometer lange Waldbahn vom Sägewerk Gutenbrunn über Saggraben bis nach Bärnkopf verlief. Bei Prinzbach sind noch Reste des Viadukts erhalten.

93_Das Mondrohr

Dancing in the Moonlight

Es gibt Menschen, die behaupten, dass die Mondlandung nur vorgetäuscht war. Derartige Verschwörungstheorien mögen amüsant klingen. Aber was wäre, wenn der ganze Mond eine Täuschung wäre? Wenn man in der Nacht nach oben schauen würde und dort den Mond zu sehen glaubte und es sich in Wahrheit um ein Kunstwerk handelte? Genau das kann einem im Kamptal passieren. Und nicht nur das. Wenn man den Kalvarienberg von Stiefern oder Schönberg aus hochgeht, dann kann man dem Mond – oder dem Kunstwerk, das in der Nacht wie der Mond scheint – einen Besuch abstatten.

Im Süden zieht sich der Hügel mit seinen Weinterrassen malerisch bis Schönberg hinunter, im Norden fällt er steil ab nach Stiefern. Das zwölf Meter lange Mondrohr des Künstlers Hubert Golser liegt am Kamm des Kalvarienbergs. In Richtung Stiefern ragt es sogar ein paar Meter über den Abgrund hinaus. In der Nacht ist das Wellstahlrohr beleuchtet und schlüpft in die Rolle des Vollmondes. Durch die mit Glas verschlossenen Enden entstehen aber auch untertags verblüffende optische Effekte, wenn sich Himmel und Landschaft darin spiegeln. Bei jedem Licht erzeugt das Kunstwerk andere Bilder, in der Dämmerung reflektiert es den echten Mond.

Seinen Namen hat der Kalvarienberg von dem Doppelkreuzweg, der Schönberg und Stiefern seit dem 17. Jahrhundert mit einer gemeinsamen Kreuzigungsgruppe verbindet. In den letzten Jahren ist der Berg zu einem Kunstplatz geworden. Neben dem Mondrohr finden sich noch weitere zeitgenössische Werke. Die »Schaubühne« des Künstlers Norbert Maringer macht die Landschaft zur Akteurin. Anstatt einem Theaterstück zu folgen, kann man das toskanische Flair des auslaufenden Kamptales auf sich wirken lassen. Entlang der Terrassen des Südhanges wachsen Riesling- und Veltlinertrauben, die zu köstlichen Weinen verarbeitet werden. Kunst und Wein vertragen sich schließlich.

Adresse Kalvarienberg, 3562 Schönberg am Kamp | **Anfahrt** B 34 bis Schönberg, abzweigen auf die Hauptstraße und dieser bis zur Weggabelung zum Kalvarienberg folgen, von dort zu Fuß weiter | **Tipp** Im Sommerfrischemuseum in der Alten Schmiede Schönberg können Sie sehen, wie Sommerfrischegäste früher untergebracht waren.

94__Der alte Steinbruch

Wenn Natur auf »shabby chic« macht

Was für ein Steinportal! Wer sich durch den mystischen Eingang und über den verwachsenen Weg traut, befindet sich in einer postapokalyptisch anmutenden Szenerie: Felsarena, Wassergraben, massive Granitblöcke. Aus der Wildnis ragt eine Wand mit alten Graffiti und einer kafkaesken Tür, die ins Nichts zu führen scheint, hervor. Verrostete Lampen und marode Leitungen hängen an den Wänden. Hier wurde nicht nur Granit abgebaut.

Das Tiefengestein, das durch tektonische Bewegungen an die Erdoberfläche kam, ist im oberen Waldviertel allgegenwärtig. Jahrhundertelang bearbeiteten es die Einheimischen mit Hammer und Meißel. Mit dem Entstehen von großindustriellen Betrieben im 19. Jahrhundert wurde Schrems zum Zentrum der Steinbrüche und erhielt den Beinamen »Granitstadt«. Erfahrene Steinmetze aus Südböhmen kamen zur Arbeit in die Gegend. Unter ihnen war Josef Widy, der seinen eigenen Betrieb gründete. Der feinkörnige, druckfeste Granit eignete sich ideal für die in ganz Mitteleuropa emporschießenden Großbauten und Brücken. Am Ende des Jahrhunderts war Widys Betrieb die Nummer eins.

Der Erste Weltkrieg beendete den Boom der Steinindustrie. Auftraggeber gingen verloren, und der neue Baustoff Beton machte den Steingiganten das Leben schwer. Die Wirtschaftskrise zerstörte auch noch das soziale Klima in der Steinarbeiterstadt. Sehr langsam kam die Steinindustrie nach dem Krieg auf die Beine. Heute ist der Schremser Granit wieder begehrt.

Den Steinbruch Brombühel eröffnete Josef Widy noch im 19. Jahrhundert. Das Haus vor dem Eingang, heute eine Ruine, ließ er für die Arbeiter errichten. Nach dem Zweiten Weltkrieg endete dort der Abbau. Mitte der 1990er Jahre wurde das Gelände wiederentdeckt und als Naturbühne genutzt, inklusive DJ-Klänge und ausgelassener Partys. Doch auch diese Zeiten sind vorbei, und so ist der Brombühel zu einem Lost Place geworden.

Adresse 3943 Schrems | Anfahrt B 2 bis Schrems, beim Unterwasserreich parken, von dort zu Fuß dem Wanderweg in Richtung Ehrenhöbarten folgen, nach Überqueren der B 2 am Steinernen Tor vorbeigehen, Eingang zum Steinbruch rechter Hand nach etwa 300 Metern | Tipp Im Unterwasserreich Schrems wird das Moor zum Erlebnis: Moorstapfen im Moortretbecken, ein Wasserparcours und ein Gehege mit Fischottern bringen der ganzen Familie die Natur nahe.

95__Der Scheideweg

Trennung ohne Tränen

Wer sich auf dem sprichwörtlichen Scheideweg befindet, hat meist große und schwere Lebensentscheidungen vor sich. Selbst wenn man sich davor drückt, manches Mal sind sie unausweichlich. Nicht ganz so von Schicksal und Dramatik umweht, dafür im wahrsten Sinne des Wortes zu nehmen ist der Scheideweg in Schweiggers.

Auf dem kleinen Bühel unweit vom Ausgangspunkt des Weges steht man auf der europäischen Wasserscheide. Schüttet man hier einen Kübel Wasser aus, so ist damit zu rechnen, dass ein Teil davon irgendwann in der Nordsee landet und ein anderer Teil im Schwarzen Meer. Womit feststeht, dass das Waldviertel nicht nur klimatisch ein Übergangsgebiet ist; hier scheiden sich auch die Gewässer. Die Europäische Hauptwasserscheide beginnt in Gibraltar und zieht sich durch Spanien und Frankreich, wo sie sich verzweigt. Richtung Deutschland und Österreich verläuft jener Zweig, der Atlantik und Schwarzes Meer trennt. Westlich von Karlstift zieht sich die Wasserscheide im Waldviertel durch das Granithochland, nördlich von Litschau verlässt sie das österreichische Staatsgebiet in Richtung Tschechische Republik.

Bühel – auch Bicherl genannt – wie dieser sind überall im Waldviertel zu finden. Um eine Ansammlung von Steinen oder größeren Restlingen, die hier gemächlich verwittern, haben sich kleine Wäldchen gebildet. Für wilde Pflanzen und Tiere sind diese Inseln zwischen den landwirtschaftlichen Nutzflächen wichtige Lebensräume.

Auf dem Bühel am Scheideweg befinden sich drei Steine, die jeweils vom Wasser der drei großen Flüsse der Umgebung geformt wurden. Einer stammt aus der Thaya, einer aus dem Kamp und einer aus der Lainsitz. Während die ersten beiden Flüsse über die Donau ins Schwarze Meer fließen, gelangt das Wasser der Lainsitz über die Moldau und die Elbe in die Nordsee. Wer dem Scheideweg folgt, kommt zum Ursprung der Thaya, der sich unter einer großen Birke befindet.

Adresse 3931 Schweiggers | **Anfahrt** L 69 bis Schweiggers, dann die L 8243 bis zum beschilderten Besucherparkplatz | **Tipp** Der Jahrtausendlebensturm auf dem Holmberg bei Siebenlinden ermöglicht einen grandiosen Rundumblick.

96 Die Camera obscura

Panorama groß und klein

Ist das Bordfernsehen? Auf der Bank im dunklen Raum sind die beiden Donauufer zu sehen. Hoppla, das Bild bewegt sich! Das eine Ufer kommt näher, das andere entfernt sich. Auch wenn es so aussieht, es handelt sich nicht um Bildschirme, und es sind auch keine Webcams im Spiel, welche die Wachaulandschaft in den kleinen Raum holen. Der in Island geborene Künstler Ólafur Elíasson, dessen Steckenpferd das Experimentieren mit der Wahrnehmung und dem Raum ist, hat eine Camera obscura installiert und fängt damit die Donaulandschaft mit ihren terrassenförmigen Weinbergen, Marillengärten, Radwegen, alten Häusern und Kirchen ein.

Ebenso wie die Rollfähre, die allein von der Flussströmung betrieben den ganzen Tag zwischen den beiden Donauufern hin- und herfährt, ist auch die Camera obscura eine Apparatur, die keine künstliche Energiequelle benötigt. Diese Urform des Fotoapparats greift auf ein Prinzip zurück, das schon Aristoteles kannte und das Leonardo da Vinci und andere gewiefte Künstler zum Zeichnen nutzten.

Am Dach des Fährhäuschens sind zwei Kameraaugen zu sehen, die in jeweils entgegengesetzte Richtungen schauen. Wenn das Licht von außen durch die kleinen Öffnungen in den Raum fällt, entsteht drinnen ein spiegelverkehrtes und auf dem Kopf stehendes Bild. Der Clou dabei ist, dass unsere Augen nicht anders funktionieren. Ólafur Elíasson verändert die entstandenen Bilder mit Spiegeln und Linsen so, dass sie wieder aufrecht stehen und es aussieht, als handle es sich um eine Fernsehübertragung auf den Bildschirmen in der Kabine. Hier wiegt tatsächlich das Sein mehr als der Schein. Ist die Fähre in Bewegung, dann bewegt sich auch das Bild, eine Kamerafahrt ist hier in Echtzeit möglich. Wer braucht da schon eine Brücke, wenn man auf der Rollfähre das Wachaupanorama gleich doppelt genießen kann? Einmal in der dunklen Passagierkabine und einmal an Deck.

Adresse Donaulände, 3620 Spitz | Anfahrt B 3 bis Spitz, abbiegen auf die Rollfährestraße | Öffnungszeiten ganzjährig Mo–Fr, April–Okt. auch Sa, So und Feiertage | Tipp Zur Marillenzeit wird die Wachau eine kulinarische Erlebniswelt. Doch achten Sie darauf, dass nur die original Wachauer Marille das besondere Aroma und den intensiven Geschmack aufweist.

97 Der Vaterunser-Stein

Was aus Verzweiflung entstehen kann

Der Glaube, heißt es, kann Berge versetzen. Oder einen Menschen dazu bewegen, einen gigantischen Stein zu beschriften. Während Ersteres wohl nur eine Redewendung ist, lässt sich Zweiteres tatsächlich belegen.

Nahe Kottinghörmanns ist der Hochwald gesäumt von Restlingen in allen Größen und Formen. Von Moos überzogen oder nackt liegen die Granitblöcke zwischen den Bäumen. Manchmal bilden sie bizarre Landschaften, sehen aus wie Behausungen von Fabelwesen oder archetypische Formen. Wer daran vorbeigeht, wird kaum umhinkommen, sich selbst eine Geschichte dazu auszudenken.

Tief in diesen Wäldern befindet sich ein Stein mit einem äußerst ungewöhnlichen Erscheinungsbild. Auf der mehr als zwei Meter hohen und fünf Meter breiten Vorderseite trägt er eine flächendeckende Inschrift. Von fern wirkt es, als handle es sich um ein Relikt aus grauer Vorzeit, ähnlich den Steintafeln der Sumerer. Bei näherer Betrachtung stellt sich heraus, dass der Text in deutscher Sprache abgefasst und ganz einfach lesbar ist. Es handelt sich dabei um das Vaterunser, das am weitesten verbreitete Gebet des Christentums. Beschriftet hat den Stein weder ein Steinmetz noch ein Künstler. Die Signatur unter dem Gebet stammt von einem Bauern aus Kottinghörmanns.

Im Juli 1960 machte Karl Riedel eine schwere Zeit durch. Was ihn plagte, ist bis heute ein gut gehütetes Geheimnis im Dorf. In seiner Not fasste er den Entschluss, das Vaterunser in einen Stein zu meißeln, um es für die Nachwelt zu erhalten. An abgelegener Stelle fand er einen Granitblock, der eine ausreichend große Fläche für den langen Text bot. Zwei Tage und zwei Nächte soll er nahezu ohne Pause den Stein mit Hammer und Spitzeisen behauen haben. Nach der Vollendung lebte der kunstfertige Bauer noch mehrere Jahrzehnte lang. Seine Inschrift auf dem riesigen Granitblock wird vermutlich Jahrtausende überdauern.

Adresse Forsthartl, 3871 Steinbach | **Anfahrt** B 2 bis Schrems, dann die E 49 bis zur ersten Abzweigung »Forsthartl«, zu Fuß dem Wanderweg folgen, etwa 100 Meter vor dem Hubertus-Bildstock links abzweigen, beinahe am Ende des kerzengeraden Wegstücks links in einen schmalen Pfad abbiegen, der in den Wald zu einer Gruppe von Granitblöcken führt | **Tipp** Die Region um Brand-Nagelberg war einst Zentrum der Glasmacherkunst. In der Waldglashütte in Neu-Nagelberg kann das traditionelle Handwerk noch hautnah erlebt werden.

98 Die tanzende Venus

Stayin' Alive

Als man 1985 einen Wasserbehälter bauen wollte, tauchte am Galgenberg bei Stratzing die Steinzeit wieder auf. Genau genommen die jüngere Phase der Altsteinzeit vor mehr als 35.000 Jahren. Damals zogen die ersten Menschen Europas hier durch. Sie waren Jäger und Sammler. Auf dem Hügel, der ihnen gute Sicht auf die Umgebung bot, schlugen sie mehrmals ihre Lager auf. Ob sie rund um ihre Feuerstellen schon getanzt haben? Wir wissen es nicht. Dass sie schon künstlerisch tätig waren, beweisen ihre Hinterlassenschaften, neben Jagdwaffen und Werkzeugen sind das die ersten Darstellungen von Menschen.

Die dramatische tänzerische Pose kennt man eigentlich vom jungen John Travolta. Ein Archäologe aus dem Team um die Grabungsleiterin Christine Neugebauer-Maresch, das 1988 die 7,2 Zentimeter hohe Statuette in mehreren zerbrochenen Teilen fand, hatte ebenso eine tänzerische Assoziation und benannte sie noch an Ort und Stelle nach Fanny Elßler. Die Namenspatin war eine der bekanntesten Tänzerinnen im 19. Jahrhundert und machte von Österreich aus Weltkarriere. Selbiges gelang der Stratzinger Fanny. Mit Hilfe der Radiocarbonmethode konnte man ihr ein stattliches Alter von 36.000 Jahren nachweisen. Damit ist sie neben der Venus vom Hohlen Fels in Deutschland die älteste künstlerische Darstellung eines Menschen auf der ganzen Welt.

Was ihre Haltung betrifft, wurden sich die Archäologen nie ganz einig. Manche meinen, dass es sich um die Darstellung eines Jägers mit Speer oder Fackel handelt. Die Grabungsleiterin sieht darin eine Figur, die dadurch eine Verbindung zwischen Himmel und Erde schafft.

Heute teilt sich Fanny im Naturhistorischen Museum Wien einen Raum mit einer anderen Steinzeit-Celebrity, der um 6.000 Jahre jüngeren Venus von Willendorf. Nahe der Fundstelle in Stratzing steht eine Holzstatue, die der tanzenden Venus nachempfunden ist.

Adresse Alte Straße, 3552 Stratzing | **Anfahrt** B 37 bis Stratzing, abfahren auf die Lengenfelder Straße, links auf die Untere Hauptstraße und rechts auf die Alte Straße bis zum Tennisplatz | **Tipp** Weinliebhaber sollten einen Abstecher zur Weinerlebniswelt Loisium in Langenlois machen.

99__Der Haidl-Keller

Schiff ahoi!

Die Unterwelt von Thaya ist ein rätselhaftes Phänomen. Es gibt unterirdische Gangsysteme, die roh in den Fels geschlagen oder aus Bruchstein gemauert sind. Unter dem Landgasthof Haidl hat sich sogar ein unterirdisches Gewässer gebildet.

Auch wenn die Frage danach einen seltsamen Beigeschmack hat: Es braucht einem nicht unangenehm zu sein, in der Gaststube nach dem Kellerschlüssel zu fragen. Freundlich wird man über eine Stiege in den Innenhof geführt. Dort befindet sich das Tor zur Unterwelt. Was im ersten Raum noch wie ein Hauskeller aussieht, wird schnell zum Labyrinth. Der Gang verzweigt sich. Es geht zusehends in die Tiefe bis zur Anlegestelle. Mit dem Ruderboot, ausgerüstet mit Helm und Stirnlampe, kann man mehrere Meter unter der Erdoberfläche eine Runde durch die dunklen Stollen drehen. Dabei quert man sogar die Straße, die sich über dem Keller befindet. In früheren Jahrhunderten wurden hier Getränke, Lebensmittel und Wertgegenstände gelagert. Auch vor dem Feuer war man unter der Erde am sichersten.

Auf der anderen Straßenseite befindet sich ein Brunnen. Um in Trockenzeiten das Dorf mit Wasser versorgen zu können, wurde im 17. Jahrhundert eine unterirdische Zisterne, die bis zu 42.000 Liter Wasser fassen konnte, gebaut und mit dem Brunnenschacht verbunden. Der für die Gemeinde nützliche Wasserspeicher fiel jedoch der Expansionswut der früheren Besitzer des Haidl-Kellers zum Opfer, als diese ihren Keller in Richtung Nordosten erweiterten. Bei ihren Grabungsarbeiten schlugen sie unabsichtlich ein Loch in das angrenzende Tonnengewölbe der Zisterne – ein Schockmoment. Der Keller wurde geflutet und ist seither mit der Zisterne verbunden. Die Besitzer mauerten den Großteil ihres unbrauchbaren, zum unterirdischen Wasserreich gewordenen Kellers ab. Erst kürzlich wurde er wiederentdeckt, und Thaya ist nun um ein Gewässer reicher.

Adresse Landgasthof Haidl, Bahnhofstraße 2, 3842 Thaya | Anfahrt B 2 bis Vitis, auf die B 36 abzweigen bis Thaya, Landgasthof Haidl knapp vor der scharfen Linkskurve auf der rechten Seite | Öffnungszeiten Mo 8–24 Uhr, Di, Fr, Sa 8–22 Uhr, So 8–15 Uhr | Tipp In der Pfarrkirche von Thaya treffen unterschiedliche Stile aufeinander: Der gotische Bau mit romanischem Kern ist mit einem barocken Hochaltar ausgestattet.

100 Die Wüstung Hard

Opfer des Klimawandels

Tiefe Wälder verbergen ihre Geheimnisse gut. Schwankende Baumriesen, Wege, die wie das Hauptschiff einer Kathedrale wirken, alle paar Meter ein Ameisenhaufen. Es wäre nicht verwunderlich, würde man in diesem Wald einem Wesen aus längst vergangener Zeit begegnen. Tatsächlich verbergen sich darin die Reste eines verlassenen Dorfes.

Wer sich weit genug in das Dickicht hineinwagt, findet ein Überbleibsel nach dem anderen und kann langsam die Zusammenhänge erahnen. Zu erkennen sind die Fundamente zweier Häuserzeilen, zwischen denen die Dorfstraße verlief. Auf der Lichtung am Fuße der Bauernhäuser befinden sich die Überreste eines großen Herrenhofes. Schmiede, Backofen und ein Brunnen machen das Dorf komplett.

Im entstehenden Österreich wurde das Waldviertel nach und nach kolonisiert von den Babenbergern, den in ihrem Dienste stehenden Kuenringern und den Grafen von Hardegg. Gezielt ließen sie Burgen und Kirchen bauen, um die sich Menschen ansiedelten.

Um das Dorf Hard anzulegen, musste ein Höhenrücken gerodet werden. Seine Bewohner lebten von der Landwirtschaft und hatten eine funktionierende Infrastruktur zur Verfügung. Eines Tages verließen sie ihre Häuser, obwohl es keine kriegerische Bedrohung gab. Grund dafür dürfte der damalige Klimawandel gewesen sein. Die sogenannte »Kleine Eiszeit« brachte niedrigere Temperaturen, verregnete Sommer und bitterkalte Winter. Weil die Ernten ihnen keine Lebensgrundlage mehr boten, zogen die Bauern ins nur wenige Kilometer entfernte Thaya. Es handelte sich um einen frühen Fall von Landflucht, ein Phänomen, das bis heute anhält.

Über die Jahrhunderte hat sich die Natur das verlassene Hard zurückgeholt. Die Häuser verfielen und wurden vom Waldboden überwuchert, bis in den 1970er Jahren der Archäologe Fritz Felgenhauer darauf aufmerksam wurde. Hard gilt heute als die besterschlossene mittelalterliche Wüstung in Österreich.

Adresse Hardwald bei 3842 Thaya | **Anfahrt** B 36 bis Thaya, dort der Beschilderung folgen, vom Parkplatz zehn Minuten Fußweg | **Tipp** Bei Umbauarbeiten am Museum Thaya wurde ein Münzschatz gefunden, der dort mit anderen historischen Urkunden und Objekten zur Ortsgeschichte ausgestellt ist. Auch ein Modell und Fundgegenstände des Mittelalterdorfes Hard sind zu sehen.

101 Die Schweinebarone

Tiertransporte anno dazumal

Schweine gelten als Glücksbringer. In Thaya und Waidhofen hat dies für etwa 150 Jahre sogar in einem monetären Sinne gegolten. Der Handel mit Mastschweinen aus den östlichen Gebieten der k. u. k. Monarchie und Ungarn spülte das Geld in die Kassen von Bauern und Webern, die den neuen Geschäftszweig erkannt hatten. Aufgrund ihres steigenden Einflusses und ihres zur Schau gestellten Reichtums nannte man sie im Volksmund »Schweinebarone«.

Die damals gehandelten Bakonyer-Schweine stammten von Wildschweinen aus Ungarn ab. An ihr Schicksal als Nahrungsmittel für den Menschen erinnert das Wort »Bacon« (Speck), das auf »Bakonyer« zurückgeht. In riesigen Herden wurden die Tiere Hunderte Kilometer bis nach Niederösterreich getrieben und einzeln an die Bauern verkauft. Das Geschäft war nicht ohne Risiko. Der Weg war weit, die Händler mussten bar bezahlen und trugen größere Geldmengen bei sich. Die größten Schweinehändlerfamilien verkauften bis zu 1.600 Tiere pro Woche. Aus einer dieser Familien stammte Franziska Stoifl, die sich mit ihrem Vermögen eine Villa in der Moritz-Schadek-Gasse leistete. Der mehrstöckige Bau wirkt wie ein Palais und beherbergt heute das Stadtmuseum Waidhofen. Die Initialen »FS« in den Glasfenstern im Stiegenhaus erinnern an die Besitzerin.

Mit ihren prachtvollen Gebäuden brachten die Schweinebarone die Gründerzeit ins Waldviertel. Wie richtige Adelige pflegten sie eine strategische Heiratspolitik. Auf diese Weise entstanden ganze Schweinehändler-Dynastien. Manche von ihnen schafften es, durch Ansehen, Studien, Reichtum und Einfluss letztlich in den Adelsstand erhoben zu werden. Als Folge der Tierseuchen Ende des 19. Jahrhunderts wurden die Schweinetriebe durch den Transport mit der Bahn ersetzt, womit die leidvolle Geschichte der Tiertransporte ihren Anfang nahm. Die aschfarbenen »Bogauner«, wie man sie im Waldviertel nannte, gibt es heute nicht mehr.

Adresse Moritz-Schadek-Gasse 4, 3830 Waidhofen an der Thaya | Anfahrt B 36 bis Waidhofen an der Thaya, abzweigen auf die Heidenreichsteinerstraße, dann rechts in die Moritz-Schadek-Gasse | Öffnungszeiten Mitte April–Mitte Okt. Sa, So und Feiertage 10–12 und 14–17 Uhr, Juli und Aug. zusätzlich Fr 14–17 Uhr | Tipp Auch Thaya war ein Zentrum des Schweinehandels. Entlang der Hauptstraße sind noch immer die Bürgerhäuser der wohlhabenden Schweinebarone zu sehen.

102 Der Signalturm

Kommunikationsprobleme gab es schon immer

Rauchzeichen und Feuersignale gab es nicht nur bei den Native Americans. Auch im Waldviertel wurde auf diese Weise kommuniziert. Ob es wirklich so gut geklappt hat wie in Amerika, ist eine andere Frage. Für rasche Kommunikation mit dem Landesfürsten war ein berittener Bote zu langsam und zu großen Risiken ausgesetzt. Deshalb errichtete man eine Kommunikationskette über Burgen und Türme, die jeweils miteinander in Sichtkontakt standen.

Ein neuralgischer Punkt in diesem System war die Feste Rauhenstein. »S'Gmäu« wird das alte Gebäude neben dem Friedhof genannt. Im Mittelalter wurde es als Wohnsitz eines Kleinadeligen errichtet und war von einer Ringmauer und einem Graben umgeben. Wer den Hügel zum Friedhof hochgeht, wird feststellen, dass »s'Gmäu« auf einer Anhöhe steht. Die Umgebung war von dem Wachtplatz aus gut zu erkunden. Gab es etwas Bemerkenswertes, so musste dies – wie der Ortsname, in dem das Wort »Wissen« steckt, schon sagt – weitergegeben werden.

In der Regel gab es auf den Feuerplätzen zwei Holzstöße: einen mit trockenem Holz und einen mit frischem, feuchtem Holz. Untertags wurde der nasse Stoß angezündet und das Signal mit starkem Rauch übermittelt. In der Nacht der trockene, der lichterloh brannte und weithin sichtbar war. Eine wesentliche Aufgabe der Signalfeuer war die Warnung der Bevölkerung vor nahenden Gefahren, damit diese sich in Burgen, Wehrkirchen und Kellern verschanzen konnte. Genau daran scheiterte das System der Signalstationen im Laufe der Zeit. Denn das Betreiben kostete den Grundherrn Ressourcen, und die Frage nach der Finanzierung war ein anhaltender Streitpunkt zwischen Landesfürst, Lehnsherrn und Landbevölkerung. Im 16. Jahrhundert wurde das Netz auf kaiserliche Verordnung hin weiter ausgebaut, bei einer Inspektion jedoch festgestellt, dass die Plätze nicht gut gewartet waren. Im Ernstfall kam meist kein Signal.

Adresse 3932 Weißenalbern | **Anfahrt** B 2 bis Großrupprechts, L 8203 und dann L 8150 bis Weißenalbern, rechts abzweigen zur Kirche | **Öffnungszeiten** von außen zu besichtigen | **Tipp** Um den Ursprung der zahlreichen Steinblöcke am Feinasberg ranken sich viele Geschichten. Wegen ihres ausschweifenden Lebensstils sollen die einstigen Burgherren mitsamt der Burg vom Berg verschluckt worden sein – ein bodenloses Loch soll bis ins Jahr 1900 existiert haben.

103 Die falsche Jahreszahl

Wer findet den Fehler?

Wer kennt noch die römischen Zahlen? I steht für 1, V für 5, X für 10, L für 50, C für 100, D für 500 und M für 1.000. Anwenden lässt sich dieses Wissen auf der Dreifaltigkeitssäule in Weitra anhand einer Rechenaufgabe, deren Lösung einen Fehler offenbart, der sich in das Kunstwerk eingeschlichen hat.

Als Weitra die Pestjahre überstanden hatte, wurde auf dem Rathausplatz eine hölzerne Säule aufgestellt. Fast 100 Jahre später war die Stadt vom barocken Lebensstil erfasst. Die Häuser erhielten prachtvolle Fassaden, die Kirchen wurden mit neuen Altären und pompösen Kapellen ausgestattet, und an öffentlichen Stellen schossen Heiligenstatuen und Bildstöcke aus dem Boden. Landauf, landab wurden die morschen Pestsäulen gegen neue, steinerne Denkmäler ausgetauscht; auf Initiative einer Bürgerin hin auch in Weitra. Mit der Umsetzung betraute man den Bildhauer Johann Walser. Er stellte wie üblich die Darstellung der Dreifaltigkeit an die Spitze und platzierte darunter die Jungfrau Maria, die Pestheiligen Rochus und Sebastian und den Feuerheiligen Florian.

Das Rätsel und die Rechenaufgabe verbergen sich auf den drei Tafeln mit lateinischer Inschrift, wobei deren eigentliche Aussage dafür keine Rolle spielt.

In der Barockzeit war es üblich, Jahreszahlen in Texte zu integrieren, indem man jene Buchstaben, die man als Zahlen benötigte, hervorhob. Auf der Dreifaltigkeitssäule sind sie größer ausgeführt und rot eingefärbt. Zählt man sie zusammen, soll auf jeder einzelnen Tafel die Jahreszahl der Grundsteinlegung der Säule herauskommen: 1748. Auf der Tafel, die mit dem Wort »morte« endet, ergibt die Rechnung allerdings 1747. Den Barockbildhauer trifft keine Schuld an dem Fehler, er hat die Rechenaufgabe korrekt integriert. 1969 ließ die Stadt die Säule restaurieren. Damals ist einem Restaurator ein Missgeschick geschehen – im Wort »Pestis« entging ihm die Zahl »I«.

Adresse Rathausplatz, 3970 Weitra | **Anfahrt** B 41 bis Weitra, im Kreisverkehr in Richtung Zentrum, durch das Stadttor auf den Rathausplatz | **Tipp** Die spektakuläre Zisterne direkt auf dem Rathausplatz wurde erst im Jahr 1993 entdeckt und ist permanent für die Öffentlichkeit zugänglich.

104 Das Flüsterzimmer

Achtung, es könnte jemand mithören!

Es heißt, dass es auf Bällen im Schloss Weitra schon zu so manch delikater Situation gekommen sei. Zieht man sich im Flüsterzimmer in eine Ecke zurück, um seiner Begleitung ein Geheimnis anzuvertrauen, hören diejenigen mit, die diagonal gegenüber stehen. Grund dafür ist die Physik. Der Schall wird entlang der Grate des Gewölbes übertragen. Selbst ein leises Flüstern, das niemand in der Mitte des Raumes wahrnimmt, ist in der Ecke schräg gegenüber noch im Wortlaut verständlich.

Die ausgeklügelte Architektur, der das Zimmer seinen Spezialeffekt zu verdanken hat, stammt aus dem 16. Jahrhundert. Schon davor gab es eine mittelalterliche Burg, deren Mauerreste noch im Keller zu sehen sind. Sie geht auf den legendären Hadmar II. von Kuenring zurück, der Weitra zu einem Zentrum der Region machte. 400 Jahre später gab Habsburgerkaiser Rudolf II. die Burg seinem Kämmerer, der an ihrer Stelle das weithin sichtbare Renaissanceschloss erbauen ließ. Nach dessen Tod heiratete seine Witwe in die südwestdeutsche Adelsfamilie der Fürstenberger ein, die bis heute das Schloss besitzt.

Langweilig dürfte es im Schloss nie geworden sein. Dafür sorgte einerseits das Rokoko-Theater im ersten Stock, in dem in früheren Tagen die Adeligen selbst Stücke inszenierten und aufführten, und andererseits das für Spiele genutzte Flüsterzimmer. Dass Letzteres architektonisch derart aus der Reihe tanzt, hängt auch damit zusammen, dass es sich im Turm befindet. Die verspielte Vergangenheit hat mehrere Spuren im Zimmer hinterlassen. Die Form eines Billardtisches ist in der Mitte am abgetretenen Bodenmuster zu erkennen. Ein Dschungel mit phantastischen Tierwesen und langstieligen Gewächsen dominiert die Wände. Das Unterholz wurde in der Biedermeierzeit gemalt. Um die riesigen Bäume und Blätter, die sich bis hoch in das Gewölbe ziehen, dürfte es einem Gerücht zufolge eine Gouvernante erweitert haben.

Adresse Schloss Weitra, 3970 Weitra | Anfahrt B 41 bis Weitra, dort im Kreisverkehr in Richtung Schloss fahren | Öffnungszeiten Mai–Okt. Mi–Mo 10–17 Uhr, Führungen ganzjährig nach Voranmeldung unter Tel. +43/(0)2856/3311 | Tipp Den gleichen Schalleffekt wie das Flüsterzimmer macht sich auch das Haus Schlossgasse 11 zunutze, mit einem Flüsterspion als Vorläufer der Gegensprechanlage.

105_Das Sgraffitohaus

Fassaden wie Comicbücher

Das Haus ist ein Blickfang. Es stammt aus einer Zeit, in der es en vogue war, seine Geisteshaltung und seinen Status auf der Fassade abzubilden.

In der zweiten Hälfte des 16. Jahrhunderts erlebte Weitra eine wirtschaftliche Blüte. Neben dem Schlossneubau entstanden viele der Gebäude, die bis heute den Reiz der Altstadt ausmachen. Der Geist der Reformation durchwehte das Waldviertel. Das Bürgertum war vom Humanismus beseelt. Die Geschichten der Antike hatten Hochkonjunktur und fanden durch den Buchdruck rasche Verbreitung. Wer es sich leisten konnte, stellte diese neuen Ideen auf seiner Hausfassade zur Schau. Bürgerliche Tugenden und Biblisches waren ebenso stark im Trend wie die antiken Klassiker.

Ein Bestseller der damaligen Zeit waren die »Römischen Historien«, das Hauptwerk des antiken Historikers Titus Livius, in dem er die Frühgeschichte Roms erzählt. Einige der damals erhältlichen Ausgaben enthielten Kupferstiche, die das Geschehen lebhaft illustrierten, wie etwa jene von Johann Bocksberger und Jost Amann. Sie dienten als Vorlage für die Szenen an den oberen Stockwerken.

Ganz oben links verteidigt ein Feldherr im Alleingang die Tiberbrücke gegen die Etrusker, im nächsten Bild opfert sich der tapfere Marcus Curtius, um einen Feuerspalt am Forum Romanum zu schließen. Es geht martialisch weiter: Könige werden ermordet, Verräter bestraft, Tyrannen zu Fall gebracht.

Die unterste Bilderreihe stammt aus einer anderen Quelle und beweist, dass die Menschen damals auch eine große Portion Humor hatten. Dargestellt werden die zehn Lebensjahrzehnte des Mannes. Für jedes steht symbolisch ein Tier. Es beginnt mit einem vitalen Ziegenbock. In den Teenagerjahren ist der Mann ein Kalb, in den Zwanzigern ein Ochse. Nach den Jahren als Löwe, Fuchs und Wolf kommt die geruhsame Zeit als Hund und Katze. Mit 90 aber ist er ein Esel und mit 100 eine schnatternde Gans.

Adresse Rathausplatz 4, 3970 Weitra | **Anfahrt** B 41 bis Weitra, im Kreisverkehr in Richtung Zentrum, durch das Stadttor auf den Rathausplatz | **Öffnungszeiten** von außen zu besichtigen | **Tipp** Im Sommer führt Sie der Nachtwächter Ernest Zederbauer, der die Stadt und ihre Geschichte kennt wie kein Zweiter, durch Weitra.

106 Des Kaisers Museum

Klein-Schönbrunn im Waldviertel

»Da schau, der Kaiser!« Einen Ausspruch wie diesen hört Friedrich Jares des Öfteren. Vor allem, wenn der Mann mit seinem auffälligen weißen Backenbart in Uniform und Hut unterwegs ist. Begonnen hat alles mit seinem Großvater. Der soll Kaiser Franz Joseph I. vom Wesen her und auch was das Aussehen betraf aufs Haar geglichen haben. In Erinnerung an den Großvater begann Jares, sich mit dem längstamtierenden Regenten der Habsburger Dynastie auseinanderzusetzen.

Schon zu Lebzeiten war das Kaiserpaar eine Legende. Bilder von Franz Joseph und Sisi zierten Teller, Teekannen, Uhren, Pfeifen, Tabakdosen und Ansichtskarten. Diese Memorabilia begann Jares zu sammeln. Hinzu kamen Bilder, Bücher, Büsten, Ahnentafeln, Uniformen, Spazierstöcke, Orden und vieles mehr. Eine Rarität der Sammlung ist ein kriegerisches Brettspiel, mit dem sich der Kaiser gern die Zeit vertrieb.

Als sich das kaiserlich angehauchte Sammlerpaar in Wienings niederließ, beschloss es, das obere Stockwerk seines Hauses zum Museum auszubauen. Die auf 4.000 Objekte angewachsene Sammlung arrangierte das Ehepaar in alten Kommoden und Schränken. In mühevoller Handarbeit wurden die Räume mit vergoldetem Stuck verziert. Fast hat man das Gefühl, in des Kaisers Wohnzimmer zu stehen.

Gleich im ersten Raum sitzen Franz Joseph und Sisi in Galauniform und Ballkleid, dahinter ein Scheinfenster mit Blick auf die Gloriette im Schönbrunner Schlosspark. Zu besonderen Anlässen wie zum Geburtstag des Kaisers am 18. August schlüpft das Ehepaar Jares selbst ins königlich-kaiserliche Outfit. Aber was wäre die Donaumonarchie ohne ihr im höchsten Maße zelebriertes Konditorwesen? Das kleine Café vor dem Museum entführt mit detailreicher Einrichtung in die alte Zeit. Die Torten bäckt Kaiser Jares, ein gelernter Zuckerbäcker, höchstpersönlich. Im Museum von Wienings schmecken sie mindestens so gut wie im echten Schönbrunn.

Adresse Wienings 15, 3812 Wienings | **Anfahrt** L 8117 bis Wienings, dort der Beschilderung folgen | **Öffnungszeiten** Voranmeldung unter Tel. +43/(0)2847/84024 | **Tipp** Karlstein war einst Zentrum des Uhrmacherhandwerks. Wanderhändler verkauften die Waldviertler Uhren in der gesamten Monarchie. Besondere Exemplare werden im Uhrmachermuseum Karlstein ausgestellt.

107 Die Bäckerei

Widerstand mit rotem Mascherl

Es duftet nach Kaffee und Kipferln. Dass die modern eingerichtete Bäckerei schon mehr als 100 Jahre alt ist, lässt sich erahnen, wenn man das Ölgemälde im goldenen Rahmen entdeckt. Der ältere Herr mit dem beeindruckenden weißen Schnurrbart ist Carl Rumpl, der die Bäckerei 1899 gegründet hat.

Das Getreide bezogen die Zwettler Bäcker vom nahen Gut Rosenau, das der Politiker Georg Heinrich Ritter von Schönerer besaß. Als Führer der Alldeutschen Bewegung vertrat er eine völkisch-germanische Ideologie.

In Zwettl und Umgebung war er wegen seines sozialen Engagements und der Gründung von Feuerwehren beliebt. Nichtsdestotrotz war Schönerer ein radikaler Antisemit, Gegner des Liberalismus und nicht zuletzt ein Vorbild für den jungen Hitler. Sein Ziel war der Anschluss an das Deutsche Reich, und dafür war ihm jedes Mittel recht. So bot er den Wirten neu gestaltete Eingangsschilder an, unter der Voraussetzung, dass sie ihr Gasthaus germanisierten und es etwa »Zur deutschen Eiche« nannten.

Wenn die Bäckersmädchen sahen, dass Schönerer die Straße entlangkam, lief Josefa nach oben und steckte sich ein rotes Mascherl in die Haare. Der alte Mann nahm in der Bäckerei Platz und begrüßte die Kinder. Kaum sah er die kleine Josefa, rief er sie zu sich und bat sie, das rote Mascherl zu entfernen. Die Farbe der »Roten«, der Sozialdemokratischen Arbeiterpartei, konnte er nicht ausstehen. Er gab dem Mädchen Geld und schickte es in das Geschäft auf der anderen Straßenseite, um ein blaues Mascherl zu kaufen. Denn Blau war die Lieblingsfarbe des deutschen Kaisers Wilhelm I. und die Kornblume, die nicht nur auf den Waldviertler Feldern, sondern auch in Preußen wuchs, dessen Lieblingsblume. Schönerer hatte sie zum Symbol der Deutschnationalen in Österreich gemacht. Die kleine Josefa ließ sich aber nicht beirren: Sie steckte sich immer wieder das rote Mascherl in die Haare.

Adresse Hamerlingstraße 11, 3910 Zwettl | **Anfahrt** B 38 bis Zwettl, im Zentrum beim Kampzwiesel abbiegen auf die Landstraße, dann rechts in die Hamerlingstraße | **Öffnungszeiten** Mo–Fr 8–18 Uhr, Sa 8–14 Uhr | **Tipp** In Zwettl können Sie an unterhaltsamen Themenführungen teilnehmen. Welche alten Berufe Sie wohl bei der Führung »Brotsitzer und Wasserröhrer« kennenlernen werden?

108 Das Goldstück

Tradition trifft Zeitgeist

Die Kombination ist schräg. Blasmusik, eine der traditionsreichsten Einrichtungen im Waldviertel, trifft auf zeitgenössische Architektur, ein meist städtisches Phänomen. Die Mischung funktioniert so gut, dass man sich wünscht, es gäbe mehr davon.

Ende des 19. Jahrhunderts begannen sich die Menschen im ganzen Land in Vereinen zu organisieren. Das dörfliche Leben nahm neue Strukturen an. Die Zwettler gründeten einen Musikverein, den sie nach dem Wiener Operetten-Komponisten Carl Michael Ziehrer benannten, der die Ohrwürmer der damaligen Zeit schrieb. Der Legende nach soll er beim Gründungskonzert anwesend gewesen sein. Im Geiste Ziehrers wurde bis ins 21. Jahrhundert fleißig geprobt – und das trotz prekärer Raumsituation. Um den Dachboden des Stadtamts für die Musiker auszubauen, schrieb die Stadt 2009 einen Architekturwettbewerb aus. Den Auftrag bekamen ausgerechnet jene Architekten, die den Dachbodenausbau verwarfen. Robert Diem und Erwin Stättner vom Architekturbüro Franz&Sue stellten das Musikerheim auf den Vorplatz, nach dem Motto: Warum das verstecken, worauf man stolz ist?

Manch misstrauischen Blick gab es, als der Stahlbetonkörper noch unverkleidet dastand. Das änderte sich rasch, als die goldenen Aluminiumplatten angebracht wurden. Die Farbe ist den Blechblasinstrumenten nachempfunden und schmiegt sich zwischen die vielen Gelbtöne, welche die Architekten auf den Fassaden der Häuser in ganz Zwettl vorgefunden haben. Das Karomuster spielt auf die traditionelle Trachtenkleidung der Musiker an. Auf Fenster wurde verzichtet. Das Licht kommt von oben. Der Raum ist so abgeschlossen, dass sogar die Eingangstür versteckt ist.

Nähert man sich dem Gebäude von der Straße her, macht es den Anschein, als ob es ganz leicht wäre und schweben würde. Man muss zweimal hinsehen, ehe man den architektonischen Kniff durchschaut: In Bodenhöhe befindet sich ein Band aus Glas.

Adresse Gartenstraße 3, 3910 Zwettl | Anfahrt B 38 bis Zwettl, im Zentrum beim Kampzwiesel auf die Landstraße abbiegen und dann rechts in die Gartenstraße | Öffnungszeiten von außen jederzeit zu besichtigen, Veranstaltungen des Musikvereins unter www.cmz.zwettl.at | Tipp Ein Goldstück der lokalen Eisenbahngeschichte ist die 271 Meter lange Eisenbahnbrücke über den Kamp aus dem Jahr 1906.

109_Der Kapitelsaal

Von Pfeilern, Herzen und Riesen

Das Zentrum des Stiftes Zwettl ist die Kirche, sein Herz der Kapitelsaal aus dem 12. Jahrhundert. Beim Betreten sticht der Mittelpfeiler ins Auge, auf dem das mächtige Gewölbe ruht – eine architektonische Meisterleistung der Zisterzienser. Generationen von Mönchen haben hier die entscheidenden Momente ihres klösterlichen Lebens verbracht, von der Aufnahme in den Orden bis zum letzten Weg.

Im Herzen des Klosters begraben zu werden war den einflussreichsten Persönlichkeiten vorbehalten, das waren in erster Linie die Stifter. In der Klostergeschichte gilt Hadmar II. von Kuenring als wichtigster Wohltäter, da er den Standort mit Schenkungen absicherte und erweitern ließ. Ihm ist der frühgotische Kreuzgang zu verdanken. Nachdem er 1217 beim Kreuzzug von Damiette starb, kamen die Mitreisenden seinem vorher geäußerten Wunsch nach und trennten ihm die rechte Hand ab, entnahmen das Herz und kochten den restlichen Leichnam aus, um an die Knochen zu gelangen. Die so erhaltenen Überreste wurden nach Zwettl überführt und im Kapitelsaal bestattet.

Nur 80 Jahre später trat Hugo Turso von Lichtenfels als Laienbruder in die Klostergemeinschaft ein. Respekteinflößend ist hier schon der Name: Turso bedeutet Riese und steht für Kühnheit und Macht in seiner Familie. Hugo soll ein gewalttätiger Ritter gewesen sein. Er wurde wie ein Mönch behandelt, obwohl er Analphabet war und die Laienbrüder grundsätzlich der manuellen Arbeit zugeteilt waren. Mehrmals sollen ihm Christus und die Muttergottes erschienen sein. Seine letzte Erscheinung stellte alle vorherigen in den Schatten: An einem Karfreitag saß er mit seinen Mitbrüdern beim Gebet im Kapitelsaal. Plötzlich löste sich der Pfeiler in der Mitte des Raumes auf, die Herzen der anderen standen in Flammen, und der Heilige Geist erschien in Form einer Taube. Der Turse, später seliggesprochen, wurde zur Legende und Waldviertler Sagengestalt.

Adresse Zisterzienserstift Zwettl, Stift Zwettl 1, 3910 Zwettl | **Anfahrt** B 36 bis Zwettl, im Kreisverkehr abbiegen auf die Allentsteiger Straße | **Öffnungszeiten** April–Okt., aktuelle Besuchszeiten und Besichtigungsangebote unter www.stift-zwettl.at | **Tipp** Früher gab es in Zwettl viele kleine Brauhäuser. Heute können Sie nach einer Betriebsführung das Bier der Zwettler Privatbrauerei verkosten.

110__Die Messstation

Ungeschlagener Kälterekord

Es ist zweifellos das am meisten besprochene Thema der Welt: das liebe Wetter. Können Sie sich einen Tag vorstellen, an dem es Ihr Leben nicht fest im Griff hat?

Während sich die Hitzerekorde aufgrund der Klimaerwärmung Jahr für Jahr überbieten, ist die Kältespitze seit bald 100 Jahren ungeschlagen. Minus 36,6 Grad, gemessen am 11. Februar 1929 in Zwettl, ist die niedrigste Temperatur, die seit Anbeginn der österreichischen Messgeschichte in einem bewohnten Gebiet aufgezeichnet wurde.

Zwettl liegt genau in der Mitte des Waldviertels, das österreichweit die Region mit den niedrigsten Temperaturen im Jahresdurchschnitt ist. Grund dafür ist die Höhenlage. In puncto Sonnenstunden liegt das Waldviertel wieder ganz vorne im österreichischen Vergleich. Für die Landwirtschaft scheint das Klima optimale Bedingungen zu bieten. Lediglich die Ernte kann erst später eingeholt werden als andernorts.

Die Medien unterstreichen das wettermäßig unterkühlte Image des Waldviertels gern mit reißerischen Metaphern wie »Gefriertruhe«, »Nordpol« oder »sibirische Kälte«. Dabei sind die Zwettler Niedrigtemperatur-Spitzen einem meteorologischen Phänomen geschuldet, das sich Kaltluftsee nennt. Die Messstation für Temperatur, Luftfeuchtigkeit und Niederschlag befindet sich im geschlossenen Bereich des Stiftes in einer leichten Mulde zwischen den Außenmauern und dem Kamp. In windstillen Nächten kann es passieren, dass sich dort die kalte Luft staut und die Temperatur abstürzt.

Steht man auf dem Steg neben dem Necessarium, so ist am Dach ein weißer Mast mit Gerätschaften sichtbar. Dort werden Wind, Sonnenscheindauer und Sonnenstrahlung gemessen. Alle zehn Minuten werden die Messdaten an die Zentralanstalt für Meteorologie und Geodynamik in Wien übertragen und von dort kommuniziert. Wenn Sie die sommerlichen Hitzewellen nicht mehr aushalten, dann sind Sie in Zwettl richtig aufgehoben.

Adresse Zisterzienserstift Zwettl, Stift Zwettl 1, 3910 Zwettl | **Anfahrt** B 36 bis Zwettl, im Kreisverkehr abbiegen auf die Allentsteiger Straße | **Öffnungszeiten** April–Okt., aktuelle Besuchszeiten und Besichtigungsangebote unter www.stift-zwettl.at | **Tipp** Besuchen Sie am Statzenberg das Denkmal für den Dichter Robert Hamerling, der im Stift Zwettl vier Jahre lang Sängerknabe war.

111 Der Wurmhof

Gourmets unter der Erde

Wenn die Thallers zur Fütterung in den großen Stall gehen, dann ist dort kein Muh und kein Mäh zu hören. Ihre Schützlinge leben unter der Erde und sind äußerst scheu. Ganze vier Millionen hungrige Mäuler wollen gestopft werden.

Kompostwürmer sind die am weitesten verbreitete Regenwurmart. Man kennt die kaum zehn Zentimeter langen Würmer mit ihren hellen Gürteln von Wiesen und Kompostbehältern. Auf dem Wurmhof klappt die Humusproduktion nur dann, wenn die Tiere sich wohlfühlen. Dazu muss neben passender Temperatur und Feuchtigkeit der Kompost schmackhaft sein. Umgraben wird nicht goutiert. Stimmt eine dieser Variablen nicht, schalten die Regenwürmer den Energiesparmodus ein und schlafen.

Beim Biobauern-Dream-Team dürften sich die Würmer wohlfühlen. Wolfgang Thaller, gelernter Landmaschinenmechaniker, hat die ungewöhnliche Infrastruktur für die Regenwürmer selbst geschaffen. Gaby Thaller vermittelt als Seminarbäuerin den verantwortungsvollen Umgang mit natürlichen Ressourcen. Der Kompost wird in der eigenen Landwirtschaft hergestellt und setzt sich aus dem Mist der 50 Stiere, die am Hof leben, Grünklee und Stroh von den eigenen Feldern, Wasser, Steinmehl und Erde zusammen.

Die Fütterung ist ein Abenteuer. In der großen Halle stehen die Wurmfelder auf Stelzen. Mit Hilfe einer fahrbaren Plattform verteilt Wolfgang Thaller darauf gleichmäßig den nahrhaften Kompost. Im Nu kommen die Tiere nach oben und lassen es sich schmecken. Haben sie erst einmal ihre Lieblingsspeise verdaut, entsteht daraus feinster Humus. Der wandert allmählich nach unten und wird dort abgetragen. Für die Regenwürmer ist die Erntemethode ungefährlich, da sie ausschließlich in höheren Gefilden leben. So werden aus 100 Kubikmetern Bio-Ingredienzien letztendlich 25 Kubikmeter Biodünger. Und der fühlt sich fein wie Ton an und kann bei Gemüse und Blumen wahre Wunder vollbringen.

Adresse Oberhof 28, 3910 Zwettl | Anfahrt B 38 bis Zwettl, im Kreisverkehr abbiegen auf die Straße Oberhof | Öffnungszeiten Führung jeden Freitag um 14 Uhr nach Voranmeldung, für Gruppen nach Vereinbarung unter Tel. +43/(0)699/15996697 | Tipp Richten Sie beim Spaziergang durch Zwettl Ihre Augen auf die wunderschönen Fassaden, zum Beispiel am Renaissance-Bürgerhaus in der Landstraße 13 oder am Hauptplatz.

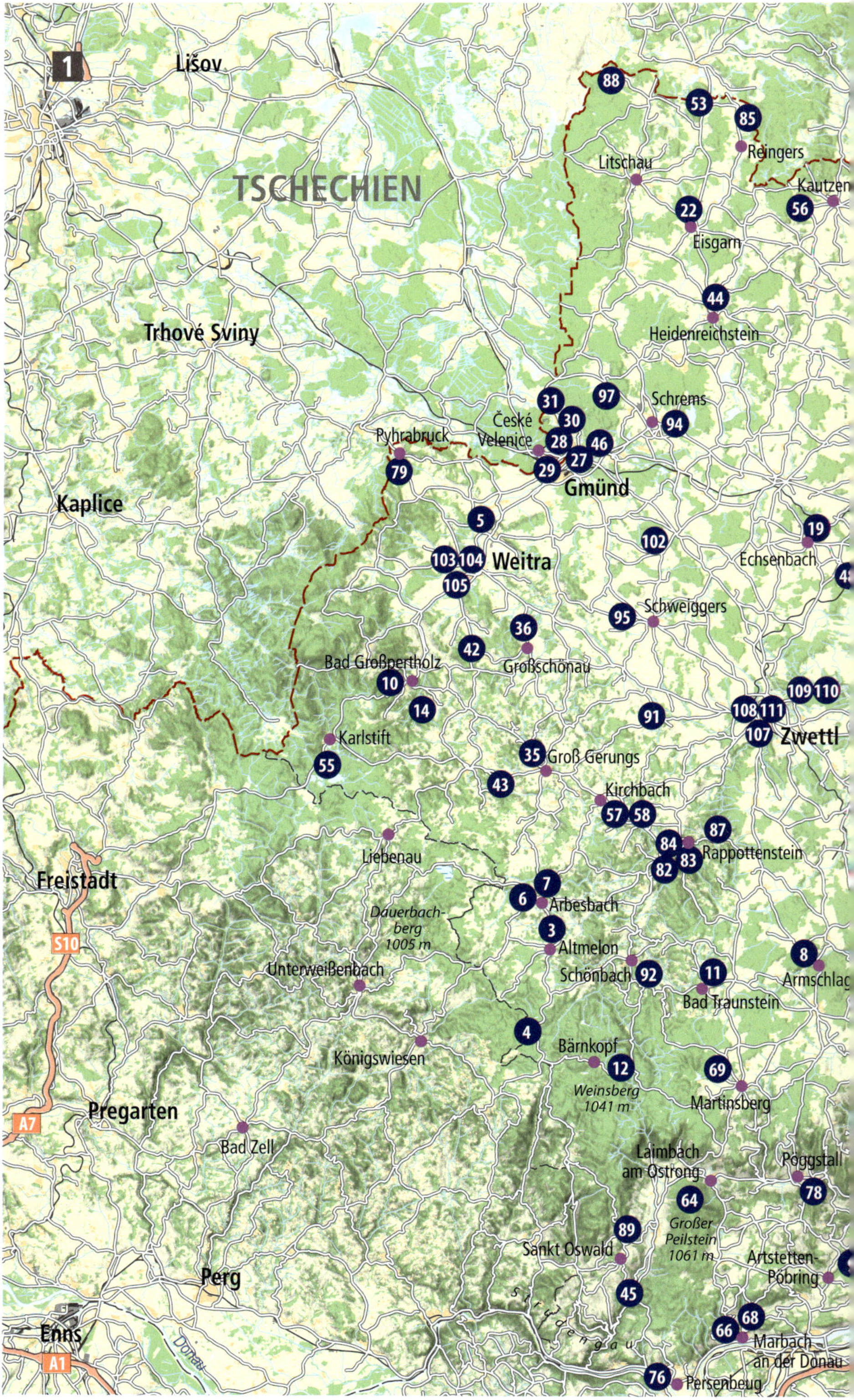
1
Lišov
TSCHECHIEN
Trhové Sviny
Kaplice
Freistadt
S10
A7
Pregarten
Perg
Enns
A1
Donau
Litschau
Reingers
Kautzen
Eisgarn
Heidenreichstein
Schrems
České Velenice
Gmünd
Pyhrabruck
Weitra
Echsenbach
Schweiggers
Großschönau
Bad Großpertholz
Karlstift
Zwettl
Groß Gerungs
Kirchbach
Rappottenstein
Liebenau
Arbesbach
Dauerbachberg 1005 m
Altmelon
Schönbach
Bad Traunstein
Armschlag
Unterweißenbach
Königswiesen
Bärnkopf
Weinsberg 1041 m
Martinsberg
Bad Zell
Laimbach am Ostrong
Pöggstall
Großer Peilstein 1061 m
Sankt Oswald
Artstetten-Pöbring
Strudengau
Marbach an der Donau
Persenbeug
88
53
85
22
56
44
31
97
30
94
28
46
27
29
79
5
19
102
103
104
105
95
36
42
10
14
108
111
109
110
107
91
55
35
43
57
58
87
84
83
82
7
6
3
8
92
11
4
12
69
64
78
89
45
68
66
76

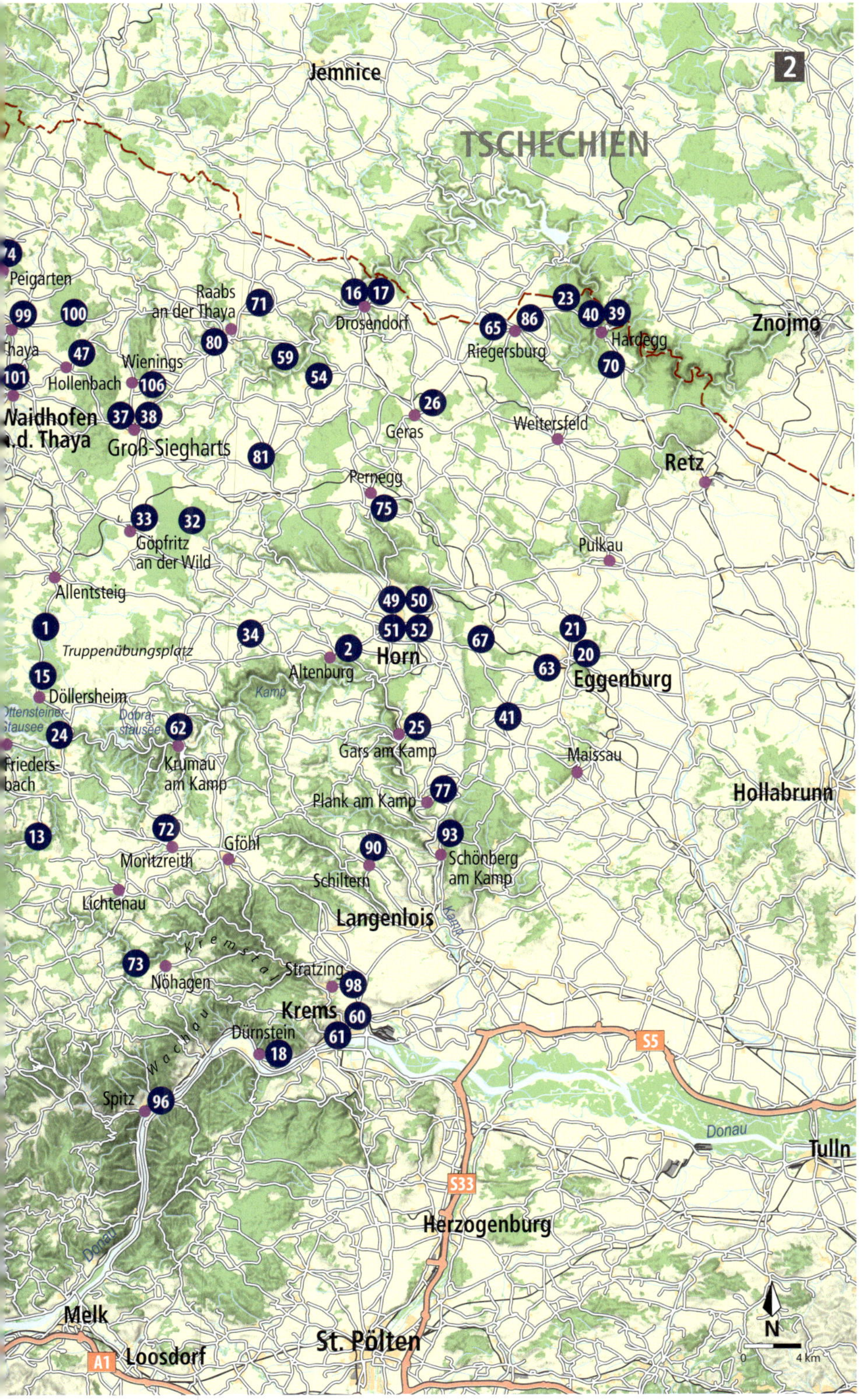
2
Jemnice
TSCHECHIEN
Znojmo
Peigarten
Raabs an der Thaya
Drosendorf
Riegersburg
Hardegg
Hollenbach
Wienings
Groß-Siegharts
Geras
Weitersfeld
Retz
Pernegg
Göpfritz an der Wild
Pulkau
Allentsteig
Truppenübungsplatz
Horn
Altenburg
Eggenburg
Kamp
Döllersheim
Dobra-stausee
Krumau am Kamp
Gars am Kamp
Maissau
Hollabrunn
Plank am Kamp
Schönberg am Kamp
Gföhl
Moritzreith
Schiltern
Lichtenau
Langenlois
Kremstal
Stratzing
Nöhagen
Krems
Dürnstein
Wachau
Spitz
S5
Donau
Tulln
S33
Herzogenburg
Melk
Loosdorf
A1
St. Pölten
N
0
4 km
99 100 47 101 106 37 38 71 80 59 54 16 17 26 65 86 23 40 39 70 81 33 32 75 1 34 2 49 50 51 52 67 21 20 63 15 24 62 25 41 77 13 72 93 90 73 98 60 61 18 96

Ottmar Neuburger,
Lisa Graf-Riemann
111 Orte vom Wilden Kaiser bis zum Dachstein, die man gesehen haben muss
ISBN 978-3-7408-0138-0

Gerald Polzer, Stefan Spath,
Antonia Schulz
111 Orte in der Steiermark, die man gesehen haben muss
ISBN 978-3-7408-0140-3

Gerald Polzer, Stefan Spath
111 Orte in Oberösterreich, die man gesehen haben muss
ISBN 978-3-95451-857-9

Susanne Gurschler
111 Orte in Tirol, die man gesehen haben muss
ISBN 978-3-95451-834-0

Andrea Nagele,
Marion Assam, Martin Assam
111 Orte in Klagenfurt und am Wörthersee, die man gesehen haben muss
ISBN 978-3-95451-591-2

Marion Rapp
111 Schätze der Natur rund um den Bodensee, die man gesehen haben muss
ISBN 978-3-95451-619-3

Gerald Polzer, Stefan Spath
111 Orte in Graz, die man gesehen haben muss
ISBN 978-3-95451-466-3

Gerd Wolfgang Sievers
111 Orte der Wiener Küche, die man erlebt haben muss
ISBN 978-3-95451-337-6

Stefan Spath
111 Orte in Salzburg, die man gesehen haben muss
ISBN 978-3-95451-114-3

Karl Haimel, Peter Eickhoff
111 Orte in Wien, die man gesehen haben muss
ISBN 978-3-89705-969-6

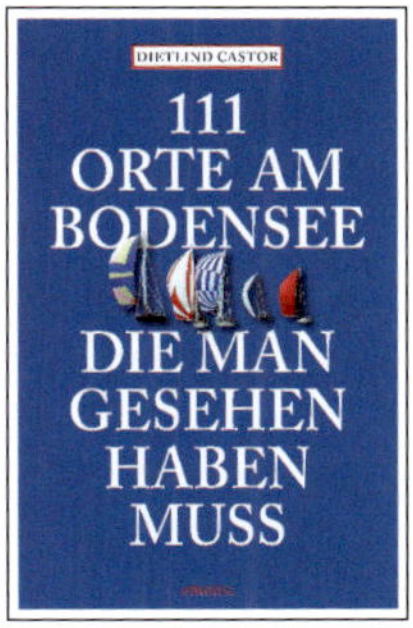

Dietlind Castor
111 Orte am Bodensee, die man gesehen haben muss
ISBN 978-3-95451-063-4

Dorothee Fleischmann, Carolina Kalvelage
111 Orte in Budapest, die man gesehen haben muss
ISBN 978-3-95451-744-2

Matěj Černý, Marie Peřinová
111 Orte in Prag, die man gesehen haben muss
ISBN 978-3-95451-927-9

Astrid Süßmuth
111 Spukorte in und um München, die man gesehen haben muss
ISBN 978-3-7408-0336-0

Rüdiger Liedtke
111 Orte in München, die man gesehen haben muss
ISBN 978-3-89705-892-7

Rüdiger Liedtke
111 Orte in München, die man gesehen haben muss. Band 2
ISBN 978-3-95451-043-6

Rüdiger Liedtke
111 Orte in München, die Geschichte erzählen
ISBN 978-3-95451-221-8

Dorothea Steinbacher
111 Orte im Chiemgau und im Rupertiwinkel, die man gesehen haben muss
ISBN 978-3-7408-0131-1

Astrid Süßmuth
111 Orte im Werdenfelser Land, die man gesehen haben muss
ISBN 978-3-7408-0118-2

Jochen Reiss
111 Orte im Fünfseenland, die man gesehen haben muss
ISBN 978-3-95451-851-7

Julia Lorenzer, Fabian Marcher
111 Orte in Rosenheim und im Inntal, die man gesehen haben muss
ISBN 978-3-95451-735-0

Gregor Nagler
111 Orte in Augsburg, die man gesehen haben muss
ISBN 978-3-95451-598-1

Marko Roeske
111 Orte im Bayerischen Wald, die man gesehen haben muss
ISBN 978-3-95451-328-4

Cornelia Ziegler
111 Orte im Allgäu, die man gesehen haben muss
ISBN 978-3-95451-343-7

Dietmar Bruckner, Michaela Moritz
111 Orte in Bayreuth und der Fränkischen Schweiz, die man gesehen haben muss
ISBN 978-3-95451-130-3

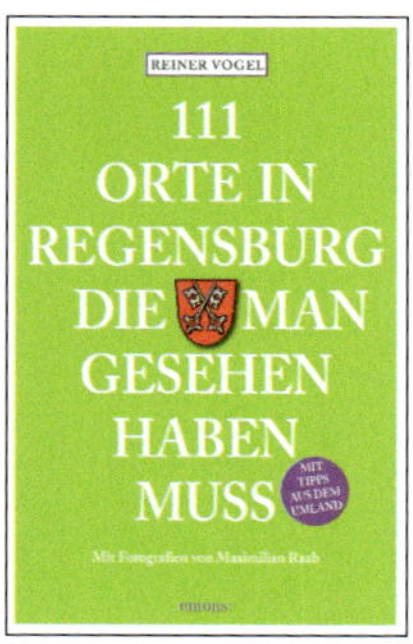

Reiner Vogel, Maximilian Raab
111 Orte in Regensburg, die man gesehen haben muss
ISBN 978-3-95451-054-2

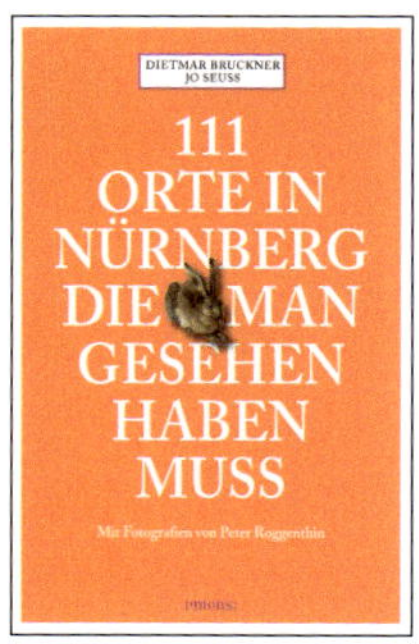

Dietmar Bruckner, Jo Seuß
111 Orte in Nürnberg, die man gesehen haben muss
ISBN 978-3-95451-042-9

Gertrud Steiger, Joachim Steiger
111 Orte im Odenwald, Spessart und an der Bergstrasse, die man gesehen haben muss
ISBN 978-3-89705-945-0

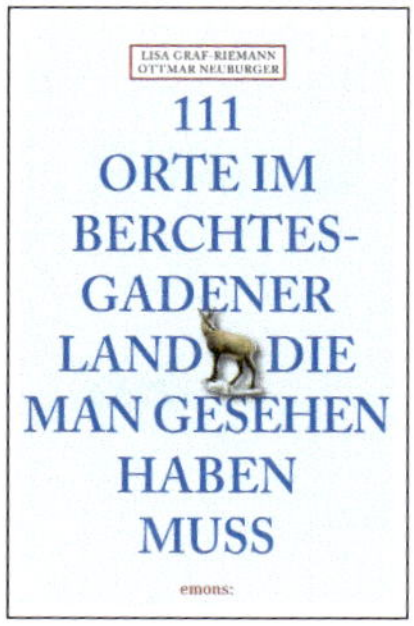

Ottmar Neuburger, Lisa Graf-Riemann
111 Orte im Berchtesgadener Land, die man gesehen haben muss
ISBN 978-3-89705-961-0

Rüdiger Liedtke, Laszlo Trankovits
111 Orte in Kapstadt, die man gesehen haben muss
ISBN 978-3-95451-456-4

Gerd Wolfgang Sievers
111 Orte in Venedig, die man gesehen haben muss
ISBN 978-3-95451-352-9

Vito von Eichborn
111 Orte zwischen Lübeck und Kiel, die man gesehen haben muss
ISBN 978-3-95451-339-0

Petra Sophia Zimmermann
111 Orte am Gardasee und in Verona, die man gesehen haben muss
ISBN 978-3-95451-344-4

Marcus X. Schmid, Halûk Uluhan
111 Orte in Istanbul, die man gesehen haben muss
ISBN 978-3-95451-333-8

Christiane Bröcker, Babette Schröder
111 Orte in Stockholm, die man gesehen haben muss
ISBN 978-3-95451-203-4

Oliver Schröter
111 Orte für echte Männer, die man gesehen haben muss
ISBN 978-3-95451-228-7

Alexandra Schlennstedt,
Jobst Schlennstedt
111 Orte in Ostwestfalen-Lippe, die man gesehen haben muss
ISBN 978-3-95451-109-9

Annett Klingner
111 Orte in Rom, die man gesehen haben muss
ISBN 978-3-95451-219-5

John Sykes, Birgit Weber
111 Orte in London, die man gesehen haben muss
ISBN 978-3-95451-117-4

Alexandra Schlennstedt,
Jobst Schlennstedt
111 Orte in der Lüneburger Heide, die man gesehen haben muss
ISBN 978-3-95451-844-9

Susanne Thiel
111 Orte in Madrid, die man gesehen haben muss
ISBN 978-3-95451-118-1

Dirk Engelhardt
111 Orte in Barcelona, die man gesehen haben muss
ISBN 978-3-95451-066-5

Sina Beerwald
111 Orte auf Sylt, die man gesehen haben muss
ISBN 978-3-95451-511-0

Ralf Nestmeyer
111 Orte in der Provence, die man gesehen haben muss
ISBN 978-3-95451-094-8

Alexandra Schlennstedt,
Jobst Schlennstedt
111 Orte in Lübeck, die man gesehen haben muss
ISBN 978-3-95451-564-6

Die Autoren

Johanna Uhrmann ist in Niederösterreich geboren und aufgewachsen. Sie ist Grafikdesignerin, Fotografin und Kunsthistorikerin und lebt in Wien. Sie veröffentlichte unter anderem ein wissenschaftliches Buch über den Wiener Architekten Anton Valentin und gestaltet Kunstkataloge und Kunstbücher für Museen sowie Sachbücher und Zeitschriften. Sie liebt Architektur und reist gern.

Erwin Uhrmann ist in Niederösterreich geboren und verbrachte seine Kindheit im Waldviertel. Er ist Schriftsteller und lebt in Wien. Zuletzt erschienen der Roman »Ich bin die Zukunft« und der Lyrikband »Abglanz Rakete Nebel«. In seinen Romanen, Erzählungen und Gedichten geht es um die Flucht aus dem Alltag und Brüche mit der Zivilisation. Er liebt es zu reisen und hält sich gern in einsamen Gegenden auf.